Katastrophen,
Erdumwälzungen,
Sterben

Gott hat rechtzeitig gewarnt

Katastrophen, Erdumwälzungen, Sterben

Gott hat rechtzeitig gewarnt

Gabriele-Verlag
Das Wort

Der universale Geist ist die
Lehre der Gottes- und Nächstenliebe
an Mensch, Natur und Tieren

4., überarbeitete Auflage Oktober 2018
© Gabriele-Verlag Das Wort GmbH
Max-Braun-Str. 2, 97828 Marktheidenfeld
Tel. 09391/504-135, Fax 09391/504-133
www.gabriele-verlag.de

Druck: KlarDruck GmbH, Marktheidenfeld
Umschlaggestaltung Gabriele-Verlag Das Wort; Fotos:
© Andrea Izzotti/fotolia.com / ittipol/fotolia.com
ISBN 978-3-96446-910-3

Inhalt

Vorwort

Immer dann, wenn schwere Katastrophen die Erde erschüttern, wenn – wie beispielsweise im Sommer 2018 – Dürre und Waldbrände Europa austrocknen, wenn – wie im Herbst 2017 – in Südostasien die Monsun-Saison besonders schwere Überschwemmungen mit sich bringt oder zerstörerische Hurrikans extreme Verwüstungen in Nord- und Mittelamerika verursachen – immer dann klagen Menschen: Wo ist eigentlich Gott? Warum lässt Er das alles zu? Warum greift Er nicht ein?

Hier muss man eine Gegenfrage stellen: Wie soll Gott denn eingreifen? Soll Er die Elemente, die der Mensch durch sein brutales Vorgehen in Unordnung bringt, immer wieder ordnen und beruhigen; soll Er das Leben und die Natur, die der Mensch zerstört, immer wieder „reparieren" – nur damit der Mensch alles wieder und wieder brutal zerstören kann, ohne je zur Einsicht zu gelangen? Der Zustand dieser Welt und der Menschen, die in ihr leben und die Erde immer mehr zugrunde richten, ist nicht gottgewollt. Sein ewiges Gesetz ist die Gottes- und Nächstenliebe, und zu der Nächstenliebe gehört die ganze Schöpfung, alle Lebensformen, einschließlich der Mutter Erde und der Kraft in den vier Elementen Feuer, Wasser, Erde und Luft. In allem und in allen ist Gott das Leben. Uns Menschen ist von Gott, dem Ewigen, die Mutter Erde mit ihren Mineralien, Pflanzen und Tieren anvertraut – es ist alles Leben aus Gott, das wir achten und lieben sollen.

Tun wir das nicht, handeln wir gegen das Leben, dann wird Gott uns nicht strafen oder dazu zwingen, noch greift Er in den freien Willen des Menschen ein, denn: Die absolute Freiheit jedes Wesens ist Bestandteil des ewigen Gesetzes der Gottes- und Nächstenliebe, der Einheit und des Friedens. Die Freiheit des Menschen beinhaltet jedoch, dass jeder selbst die Verantwortung für die Folgen seines Tuns trägt – die nicht Gott sendet, sondern die nach dem Gesetz von Saat und Ernte, von Ursache und Wirkung einst auf ihn zukommen werden.

Gott überlässt uns aber nicht einfach unserem selbst auferlegten Schicksal. Er war und ist immer da und lehrte uns Menschen zu allen Zeiten das

Gesetz der Liebe und Einheit, Er zeigte uns die Konsequenzen unseres negativen, allzumenschlichen Verhaltens auf und den Weg zu einem Leben in Frieden und Einheit mit der gesamten Schöpfung. Auch wenn Priesterreligionen das suggerieren: Gott ist kein geheimnisumwobener, im Himmel thronender Mann, der Menschen durch Katastrophen straft. Es gibt keinen strafenden Gott! Gott, unser ewiger Vater, hat aus Liebe zu Seinen Söhnen und Töchtern immer rechtzeitig aufgeklärt, gemahnt und gewarnt. Wie? Durch die wahren Gottespropheten, von Abraham bis Gabriele, die als Boten aus dem Reich Gottes auf der Erde wirkten und wirken, um den Menschen das ewige Wort des Freien Geistes und Seine Lehre der Gottes- und Nächstenliebe zu bringen.

In dieser mächtigen Zeitenwende, in der wir jetzt stehen, wirkt erneut ein hohes geistiges Wesen im Auftrag Gottes, der Seraph der göttlichen Weisheit, Gabriele, um der Menschheit erneut die ewigen Gesetze Gottes zu lehren, sie aufzuklären, zu mahnen, zu warnen und zur Umkehr zu bewegen. Gott ist das Leben, Er ist absolute Liebe, Einheit und Freiheit. Er, der ewige Schöpfer, ruft uns Menschen seit über 40 Jahren auf zu einem friedvollen und achtungsvollen Umgang mit unseren Mitmenschen und Mitgeschöpfen, der Natur, den Tieren, der gesamten Mutter Erde.

In einer Offenbarung im Jahr 1980 gab der Christus Gottes uns Menschen ein Bild. Er sprach:

„Ihr sollt euch nun eure Erde, euren Wohnplaneten, als einen großen Menschen vorstellen! Wollen wir ihn den Erd-Menschen nennen. ...
O sehet: Durch sämtliche Lebensformen, durch die Organe des Erdmenschen, durch das Kleid strömt das ewige Leben Gottes. Wenn der Mensch nun wider diesen Erdmenschen handelt, so handelt er auch zugleich wider sein eigenes Leben. Wenn der Mensch wissen würde, sobald er ein Tier schändet, beschädigt er seinen eigenen Körper, indem er seine Seele verschattet und die innere Kraft, die Geistkraft, reduziert!
Der unwissende Mensch tritt und handelt bedenkenlos auf diesem großen Erdmenschen! Er zerstört bewusst und unbewusst das Natur- und Tierreich!"

In den vergangenen vier Jahrzehnten hat sich das Reich Gottes durch Gabriele immer und immer wieder offenbart. Es wurde aufgeklärt über das Gesetz von Saat und Ernte, von Ursache und Wirkung, und die Menschheit wurde davor gewarnt, was passieren wird, wenn sie nicht rechtzeitig umkehrt und ein Leben nach den göttlichen Gesetzen führt.

Die Botschaft des Ewigen, Seine Warnungen, um die Menschheit vor dem drohenden Unheil zu retten, wurden von den Mächtigen in Staat und Kirche unterdrückt, verlacht und in den Wind geschlagen. Aus Ignoranz und Profitgier wird die Ausbeutung der Mutter Erde immer hemmungsloser weitergetrieben und das Leben auf unserem Planeten in einem noch nie dagewesenen Ausmaß vernichtet. Die verheerenden Folgen dieses brutalen Vorgehens werden immer deutlicher sichtbar, nicht zuletzt im nunmehr unaufhaltsam fortschreitenden Klimawandel:

- „UN: Die drei letzten Jahre waren die wärmsten seit 170 Jahren. Neue Messungen bestätigen den Klimawandel: 2015, 2016 und 2017 sind die drei wärmsten Jahre seit Beginn der Aufzeichnungen. Das hat die Weltwetterorganisation ermittelt." (Deutsche Welle online, 18.1. 2018)

- Klimaerwärmung: Forscher warnen vor einer Heißzeit. Dabei würde sich die Erde langfristig um etwa vier bis fünf Grad Celsius erwärmen und der Meeresspiegel um zehn bis 60 Meter ansteigen, berichtet das Potsdam-Institut für Klimafolgenforschung (PIK). (ZEIT ONLINE, 6.8.2018)

- Rekord-Hurrikan-Saison in der Karibik in 2017: Der Hurrikan „Irma" blies am 10.9.2017 mit einer Windgeschwindigkeit von fast 300 km/h, und das über 37 Stunden. Es ist der längste Hurrikan in dieser hohen Intensität, der bis jetzt registriert wurde. Auf Puerto Rico sind allein infolge des Hurrikans „Maria" einige Wochen später mindestens 4.645 Menschen ums Leben gekommen. (Weltorganisation für Meteorologie, 12.09.2017 & Spiegel Online, 30.05.2018)

- Dürre in Ostafrika in 2016, über 17 Millionen Menschen in Hungersnot. (n-tv.de, 28.3.2017)

- Politiker und Experten warnen vor den Klimaflüchtlingen. Man müsse mit 200 Millionen Klimaflüchtlingen rechnen. (DIE ZEIT, 8.11.2017)

In dem vorliegenden Buch *„Katastrophen, Erdumwälzungen, Sterben – Gott hat rechtzeitig gewarnt"* wird den unzähligen Berichten und Fakten der weltweiten Katastrophen das offenbarte Gotteswort, gegeben durch Gabriele, die Prophetin und Botschafterin Gottes, gegenübergestellt. In den vielen göttlichen Offenbarungen wurden immer wieder mahnende, aber gleichzeitig auch liebevolle Worte und klare Hilfen gegeben, wie wir Menschen in Frieden miteinander und in Einheit mit der Schöpfung leben können. Jeder ist frei, sich selbst ein Bild der brisanten Lage zu machen. Und jeder hat die Freiheit, daraus Schlüsse für sein Leben zu ziehen – oder nicht. Aber fest steht: Gott hat uns Menschen rechtzeitig gewarnt!

Das Gesetz von Ursache und Wirkung

Aus der Wissenschaft wissen wir, dass alles auf Energie beruht und dass keine Energie verloren geht. Die Physik lehrt auch, dass jede Ursache eine Wirkung hervorruft. Von diesem Prinzip sind wir Menschen nicht ausgenommen, denn alles, was von uns ausgeht, ist ebenfalls Energie: Jede Tat, jedes Wort, sogar jeder Gedanke – positiv oder negativ – ist eine Energie, die nicht verloren geht, sondern entsprechende Wirkungen zur Folge hat. Alles, was wir Menschen der Erde mit ihren Mineralien, Pflanzen und Tieren und auch unseren Mitmenschen an Positivem oder Negativem antun, unterliegt dem Gesetz von Ursache und Wirkung, auch Saat und Ernte genannt. Es kommt auf den Absender zurück – es sei denn, wir erkennen unser falsches Denken und Verhalten und kehren rechtzeitig um.

In den Kirchenbibeln ist zwar noch die Gesetzmäßigkeit „Was der Mensch sät, das wird er ernten" zu lesen – doch was nützen die Worte, wenn die Einsicht fehlt und die entsprechenden Taten ausbleiben? Wie vieles andere, was noch richtig in den Bibeln zu finden ist, wird auch das Gesetz von Saat und Ernte von den kirchlichen Institutionen völlig missachtet. Ebenso werden die Hinweise auf den Schöpfungsfrieden zwischen Mensch, Natur und Tier – denken wir nur an das Wort des Ewigen durch Jesaja: „Dann wohnt der Wolf beim Lamm, der Panther liegt beim Böcklein …" (Jes. 11, 6) – mit Füßen getreten. Und gerade die von der Kirche falsch interpretierte Aussage: „Macht euch die Erde untertan" hat zu einer gefühllosen, ausbeuterischen und nur auf den eigenen Vorteil bedachten Haltung des Menschen gegenüber der Schöpfung geführt, mit all den katastrophalen Folgen, die die Menschheit heute zu tragen hat – und die noch auf uns zukommen werden. Die Priesterinstitutionen achteten das Wort nicht dem Sinn nach, nicht im Geiste der Liebe und der Einheit, die Gott ist – statt dessen haben Kirchenmänner ihre Dogmen und Vorschriften dem Buchstaben nach konstruiert und diese den Menschen dann als „Wort Gottes" verkauft.

Deshalb klärt das Reich Gottes heute durch die Prophetin Gabriele auch über die Einheit allen Lebens auf – und darüber, dass das Gebot der

Gottes- und Nächstenliebe auch die Tiere und die ganze Natur mit einschließt. Immer wieder sprach das Reich Gottes auch über das Gesetz von Ursache und Wirkung. Christus, der Mitregent des Reiches Gottes, offenbarte durch Gabriele:

„So werdet ihr Menschen fragen: ‚Woher sollen wir wissen, dass, wenn wir die Erde schädigen, die Wirkungen auf uns zurückfallen? Uns wurde nicht gesagt, schädigt nicht die Erde – sondern: Nehmt, was euch die Erde gibt!‘

Nehmt ihr tatsächlich das, was euch die Erde gibt? Seid ihr nicht immer wieder und wieder bestrebt, noch mehr aus der Erde zu schöpfen? Wahrlich, Ich sage euch: Ihr Menschen habt noch nicht begriffen: Je mehr ihr aus der Erde schöpfen wollt, umso weniger wird sie euch in kommender Zeit geben, weil ihr das innere Leben und somit die Konstellation verändert. Ihr seid die Urheber dieses kommenden Geschehens.

Die wenigsten Menschen erkennen das Kommende. Und wenn sie davon hören, dann denken sie an Gott, den strafenden und züchtigenden Herrn. O nein! Was i h r aussät, werdet i h r ernten – außer ihr wendet euch!"

Bedenken wir: Zum damaligen Zeitpunkt, im Jahre 1980, hätten auf der Erde noch viele Menschen zur Umkehr bewegt und so noch manches zum Guten gewendet werden können. In den folgenden Jahren wies die göttliche Welt durch Gabriele deshalb, wie gesagt, immer und immer wieder auf das Kausalgesetz, das Gesetz von Ursache und Wirkung, hin. Im Jahre 1986 z.B. erklärte ein hohes Wesen aus dem Reich Gottes, der Cherub der göttlichen Weisheit, durch Gabriele uns Menschen erneut:

„Liebe Freunde, auf jede Aktion erfolgt die Reaktion. Viele Menschen fragen, wie wohl die Zukunft sein werde, was sich wohl in der Zukunft ereignen würde.
Es gibt viele Prophezeiungen. Auch die Worte aus der Bibel sagen einiges, denn Jesus sprach schon von der kommenden Zeit. Viele lauschen den Massenmedien, lesen Zeitungen und Zeitschriften und erfahren, was sich in dieser Welt tut. Und wie schon offenbart, macht sich jeder mehr oder weniger Gedanken, was wohl die Zukunft bringt. Liebe Freunde, was bringt die Zukunft?

Jesus von Nazareth hat es gesagt: Die Zukunft bringt das, was Menschen in den vergangenen Zeitepochen und in dieser Zeitepoche gesät haben."

Die Kirchen verhindern
das Bekanntwerden
der göttlichen Mahnungen

Das Ewige Wort durch die Prophetin Gottes, Gabriele, war und ist allumfassend und gibt Hinweise und Hilfen zu allen Lebensbereichen – und auch Aufklärung über den Missbrauch des Namens Christus durch die Amtskirchen. Das Reich Gottes offenbarte, dass Gott, der Ewige, weder eine Religion gegründet hat, noch hat Er Priester oder andere sogenannte „Mittler" eingesetzt, noch lehrte Er Riten, Kulte, Zeremonien, Dogmen. Der Freie Geist lehrt – wie bereits Jesus von Nazareth vor 2000 Jahren: Der Mensch ist selbst der Tempel des Heiligen Geistes, und das Reich Gottes ist inwendig im Menschen.

Diese Botschaft aus dem Reich Gottes, die die Eigenständigkeit, Unabhängigkeit und völlige Freiheit des Menschen in seinem Verhältnis zu Gott aufzeigt, ist der Priesterkaste seit jeher ein Dorn im Auge, weshalb sie immer vehement gegen das Wort Gottes durch Seine Propheten, durch erleuchtete Männer und Frauen vorging. Und auch heute sandte sie ihre „Experten", um – mit allen Mitteln und Methoden, die die Welt heute gewährt – das Wort Gottes zum Schweigen zu bringen, indem sie die Prophetin der Jetztzeit verfolgt.

Der Christus Gottes sprach im Jahre 1980:

„Wie Ich zu Beginn Meines Wortes sagte: Immer wieder versuchte der Geist, die allumfassenden Wahrheiten der Himmel der Menschheit zu offenbaren. Die Menschheit jedoch hat den Geist zum Schweigen gebracht, indem sie die Verfolgung und die Tötung der Propheten, oder Verkünder genannt, bejahte.

Noch einmal versucht der Geist Gottes, euch Menschen zur Umkehr zu bewegen..."

Da es heute nicht mehr so einfach möglich ist, einen Propheten durch Mord auszuschalten, versuchten die Amtskirchenvertreter, die Prophetin Gottes durch übelsten Rufmord über alle ihnen zur Verfügung stehenden Medien der Lächerlichkeit preiszugeben. Wer an das Gotteswort glaubte, wurde als „Endzeitapostel" verhöhnt.

Jahre später, nachdem der Gottesgeist durch Prophetenmund in zahlreichen göttlichen Botschaften die Menschheit gewarnt hatte, offenbarte der Cherub der göttlichen Weisheit:

„Zu allen Zeiten warnte der Geist Gottes, mahnten Christus, euer Erlöser, und die Boten des Lichts. …

Vor mehreren Jahren, als unsere Schwester [gemeint ist Gabriele, die allen Menschen Schwester ist] *das Innere Wort empfing, sprach der ewige Geist Theologen an. Briefe gingen zu Bischöfen und zu dem sogenannten ‚Papst', welcher der katholischen Seite vorsteht. Christus mahnte, Christus warnte, Christus zeigte die Schwächen auf, Christus rief durch Menschenmund, durch Sein Instrument, zur Umkehr, sprach von der kommenden Zeit.*
Er bat die Menschheit, umzukehren, bat die Theologen, die Bischöfe, den sogenannten Papst, das christliche Leben anzustreben und nicht das unchristliche. Was kam zurück? Hohn, Spott, Verachtung, Lächerlichmachung und vieles mehr – bis zum heutigen Tag."

1991 sprach der Christus Gottes dieses Thema erneut an. Doch nun, da die Menschen auf das Wort Gottes nicht hatten hören wollen, hatte eine andere Zeit begonnen. Die Zeiger der großen kosmischen Uhr waren weitergerückt. Christus, der Sohn Gottes, offenbarte:

„Vor vielen Jahren mahnte Ich aufs Neue durch Mein Instrument. Gerade jene, die in den christlichen Religionen waren und sind und sich als Christen bezeichnen, klagen die an, die von der sogenannten Endzeit sprachen: Es wären sogenannte Endzeitjünger, die das Volk aufwiegeln wollen, um eine äußere Machtstruktur aufzubauen durch Angst und dergleichen. – Wer war ihnen hörig? Der wird heute mit ihnen sein.

Meine Kinder in aller Welt: Es gibt kein Zurück mehr! Die Fluten stehen auf. Die Feuersbrünste werden immer größer. Hungersnöte, Katastrophen, Kriege und dergleichen wechseln sich schon ab. Welches Land wird verschont bleiben? Das Land, welches das innere Reich ist."

Von Jahr zu Jahr wurde nun deutlicher, dass das Reich Gottes durch Seine Aufklärungen und Mahnungen beileibe keine Panik gemacht, sondern einzig die Menschen, Seine Kinder, in fürsorglicher Weise rechtzeitig gewarnt hatte, um sie vor Unheil zu bewahren. Seit einigen Jahren ist vonseiten der Theologen kein Lachen mehr darüber zu hören, denn jetzt bestätigen auch Wissenschaftler das, was der Gottesgeist schon viele Jahre zuvor offenbart hatte.

In den Medien werden der menschengemachte Klimawandel und seine katastrophalen Folgen nun mehr und mehr thematisiert. Die Kirche hat den Trend erkannt, und nun versuchen die Amtsträger der Institutionen Kirche, auf den längst abgefahrenen Zug aufzuspringen, indem sie sich plötzlich als Klimaschützer ausgeben: Papiere werden geschrieben, Gespräche geführt und Bündnisse geschlossen. Doch in Wahrheit waren und sind es letztlich die Kirchenführer, die für die drohende Klimakatastrophe die Verantwortung tragen. Denn sie waren es, die die Warnungen des Gottesgeistes lächerlich gemacht und mit Füßen getreten haben.

Mehr über den systematischen Kampf der Priesterkaste gegen die Prophetin Gottes, Gabriele, kann jeder Mensch in der *Sophia Bibliothek* erfahren, dem Zentrum des Freien Geistes. Dort können Sie Bücher über die Rehabilitation des Christus Gottes und aller Gottespropheten – von Abraham bis Gabriele – lesen, und Sie haben auch die Möglichkeit, die Aufklärungen des Gottesgeistes durch Gabriele seit Beginn der 1980er Jahre im Originalwortlaut in zahlreichen Gottesoffenbarungen zu lesen und zu hören. Fakten über den Kampf der Priesterkaste gegen das Wort Gottes finden Sie auch in dem Buch *„Die Verfolgung der Prophetin Gottes und der Nachfolger des Jesus von Nazareth"*.

In dem hier vorliegenden Buch werden die göttlichen Botschaften aus dem All den wissenschaftlichen Fakten gegenübergestellt. So erhält jeder, der es möchte, die Möglichkeit, sich selbst ein Bild zu machen und – so er möchte – Schlüsse für sein Leben daraus zu ziehen.

Klimawandel

Bereits 1980 wurde durch Gabriele aus dem Reich Gottes offenbart:

„Immer wieder wird von Polveränderungen und Springfluten gesprochen. Ich sage euch, die Pole werden sich kolossal verändern, und auf dieser Erde wird ein unendliches Leid einsetzen; Krankheiten, die die Erde und die Menschen noch niemals besessen haben. Die Meere werden sich neue Becken suchen; eure schönen Täler werden die Wasserbecken sein."

Christus sprach 1984:

„Die Zukunft der Menschheit steht in der Atmosphäre geschrieben. Auch die Erde und die Meere geben Zeugnis von dem, was der Mensch ausgesät hat. Wahrlich, wahrlich, Ich sage euch: Die Zeit ist nahe, da die Wasser viele Menschen hinwegnehmen werden, da sich der Planet Erde aufbäumt und alles verschlingt, dessen er habhaft wird. Und es wird sein, dass die Wasser viele Teile der Erde reinigen. Und es werden unterschiedliche klimatische Verhältnisse auftreten ..."

Und im Jahr 1986 erklärte ein hohes Geistwesen aus dem Reich Gottes, der Cherub der göttlichen Weisheit, durch Gabriele:

„Die atomare Kraft verunreinigt nicht nur die Meere, die Flüsse, Seen, die Erde. Die atomare Kraft heizt die Meere auf – die sogenannten Polkappen beginnen zu schmelzen.
Zu eurem besseren Verständnis: Die Meere sind der Herd – die Herdplatte ist die Erde. Die Meere werden an- und aufgeheizt, die Herdplatte beginnt zu glühen. All diese negativen Schwingungen wirken auf Seelen und Menschen ein; Erdbeben, Vulkanausbrüche und dergleichen sind die sogenannten Naturkatastrophen.

Die Katastrophe setzt sich aber auch unter den Menschen fort: Das Klima verändert sich, die Menschen werden angeheizt – das Nervensystem verkrampft sich. All das, was der Mensch im Ober- und Unterbewusstsein und in den Seelenhüllen gespeichert hat, kommt zur Wirkung.
Was geschieht auf dieser Erde? Mord, Feindschaft, Rivalitäten, Bürgerkriege ...“

1986 verglich der Himmelsfürst der Weisheit die Erde mit einer „Herdplatte"; fünf Jahre später, 1989, sprach er durch Gabriele:

„Erkennt: Durch die Ursachen der Menschen ist die Erde zum Feuerofen geworden. Schichten der Atmosphäre lösen sich auf – die Welt ist wie ein Dampftopf, der auf der Erde steht; sie kocht. Was geschieht? Die Erdschollen bewegen sich immer rascher, sie wandern. Das löst weitere Katastrophen aus: Erdbeben, Vulkanausbrüche und vieles mehr. ... So erkennt: Noch dehnen sich die Wüsten aus, doch wenn die Wasser kommen ... nur Streiflichter der Zukunft, die in Wirklichkeit schon Gegenwart sind – denn vieles wird euch verschwiegen.
Die Rettung ist da: einzig Christus, der nicht nur mit dem Munde gespriesen werden soll, sondern im Herzen gelebt, indem der Mensch das Gesetz Gottes erfüllt."

Im Jahre 1991 zeigte Gott-Vater in einer weiteren Botschaft durch Gabriele die Ereignisse der Zukunft mit folgenden Worten auf:

„Auf der Erde wird das weiter geschehen, was Jesus von Nazareth offenbart hat: Die Völker

werden sich gegenseitig bekämpfen. Bürger-
kriege, Pestilenzen, Krankheiten, Nöte und Sor-
gen, Obdachlose, Tote und vieles mehr werden
auf der Erde sein. Der gute Freund, der zum
Feind der Menschen geworden ist, wird das
alles wieder abschütteln, was auf und in der
Erde ist und in den Gewässern – und die Sonne
und die Gestirne werden das tun, was zu tun
ist, durch eine durchlöcherte Atmosphäre."

Es ist also nicht nur die Atmosphäre, die zur
Erwärmung beiträgt, sondern auch das Innerste
der Erde erhitzt sich, wie der Christus Gottes 1993
erklärte:

„Ihr denkt nur immer an die Atmosphäre, die
zerstört ist. Ich aber sage euch: Das Magma er-
hitzt sich mehr und mehr, und dadurch kommt
vieles in Bewegung. Die Erde erhitzt sich. Das
Eis schmilzt. Die Fluten kommen, und die Stür-
me leiten sie ein ..."

Wie diese Folgen aussehen werden und was auf
die Menschheit zukommen wird, zeigte Gott, der
Ewige, im Jahr 1991 auf, als Er durch Gabriele
sprach:

„Welchem Schicksal gehen viele Völker und Nationen entgegen? Dem Schicksal der Zerstörung und Verwüstung.

Jesus von Nazareth sprach, was kommen wird, wenn die Menschen nicht umkehren. Sind sie umgekehrt? Sie haben ihren größten Freund zum Feind gemacht – ein Freund, der, seit die Menschheit besteht, der Menschheit Leben, Licht und Kraft gab; ein Freund, der sie ernährte, der sie tränkte, der ihnen Obdach, Wohnung und Nahrung bot.

Der Freund war der Planet Erde mit seiner Atmosphäre. Was haben die Menschen mit diesem Freund gemacht, mit dem Planet Erde? Sie vergiften die Natur. Sie schänden die gesamte Erde. Sie sprengen die Atmosphäre, ja sie bomben das Leben nieder. Die grausamsten Stoffe muss der Planet Erde erdulden. Viele Menschen kümmern sich wenig darum, ob der gute Freund leidet oder ob er gesund bleibt. Der gute Freund ist erkrankt! Ja, er ist vergiftet von den chemischen Stoffen, von den atomaren Versuchen, von den Verunreinigungen der Gewässer und vielem mehr. Er ist so erkrankt, der gute Freund, dass er nun zum

Feind der Menschen geworden ist. Und diesen Feind kann kein Volk besiegen. Keine Nation kann ihn zertreten und zerbomben. Kein Volk kann ihn töten – einerlei, welche Waffen es gebraucht. Kein Mensch kann diesen Feind niedermachen, niedertreten, in den Sumpf und in das Grauen stürzen. Er schüttelt sich – und was er hervorbringt, ist das, was die Menschen in den guten Freund hineingebombt haben: Zerstörung. ...

Und so hat der Mensch den guten Freund zu einem kriegerischen Feind gemacht, der abschüttelt, was ihm auferlegt wurde. Denn alle Ursachen drängen zur Wirkung."

In den Jahren 1996 und 1997 trat Gott-Vater in mehreren mächtigen Gottesbotschaften als Kläger für die Mutter Erde ein. Sein Wort wurde damals über zahlreiche Rundfunkstationen ausgestrahlt und ist teilweise auch in Büchern veröffentlicht. Im Jahre 1996 sprach Gott-Vater (zu lesen in „Die Botschaft aus dem All. Die Gottesprophetie heute. Nicht das Bibelwort. Band 1"):

„Wahrlich, wahrlich, Ich sage euch: Ich Bin auch der Kläger für diese Erde, für die unschul-

dige Kreatur, für alle Lebensformen, für Tiere, Pflanzen und Mineralien ... Die Erde ruft Mich, den Schöpfer, um Erbarmen, um Freiheit ... Wahrlich, wahrlich, Ich sage euch: Die Schwingungen eures negativen Verhaltens ziehen sich durch die ganze Erde, gehen in die Atmosphäre und kommen wieder auf euch zurück. Wer zerstört die Atmosphäre – der Gott der Liebe, der der Erde einen Mantel gab, auf dass ihr auf der Erde leben könnt? Doch ihr – jeder Einzelne trägt dazu bei, dass sich der Mantel auftut und die Kräfte des Alls euch allmählich verbrennen ..."

Im Jahre 1997 offenbarte Gott-Vater als Kläger für die Mutter Erde Folgendes:
„Und so erfüllt sich nach und nach der letzte Teil der Offenbarung Johannes, der Apokalypse. Und dann ist Friede. Wie wird das geschehen? Nur global für euch Menschen gesprochen – wer Ohren hat, zu hören, der hört. Wer Augen hat, zu sehen, der sieht.
Die Mutter Erde schüttelt sich durch die Erdbeben. Die Mutter Erde schüttelt sich durch Stürme, durch Waldbrände und vieles mehr

und ruft: ‚Ihr Menschen, was habt ihr aus mir gemacht? Meine Kinder malträtieren und quälen mich. Sie quälen die Tiere. Tiere verhungern und verdursten, denn die Dürre tritt immer mehr ein, so dürr, wie die Herzen der Menschen sind.' Und die Mutter Erde ruft: ‚Meine Kinder, was macht ihr mit mir? Was macht ihr mit den Tieren, mit den Pflanzen und Mineralien?' Doch die Menschen hören ebensowenig, wie sie auf die Propheten und Prophetinnen gehört haben, auf den wahren Gott, der ICH BIN. Sie hörten und hören ebensowenig wie auf Jesus, den Christus, ihren Erlöser.

Und die Mutter Erde weint Tränen über Tränen, denn die Fluten und die Meere steigen, und sie ruft: ‚Ihr Kinder, was macht ihr mit mir? Ich bin unendlich traurig über euch. Ich kann euch nicht mehr tragen.' Und die Menschen zu allen Zeiten hören weder auf den Ruf der gequälten Erde, geschweige auf das Wort Gottes durch Propheten und Prophetinnen, durch geistig erleuchtete Männer und Frauen, durch Kämpfer für das Reich des Inneren. Und so tut sich der Mund der Erde, der Mutter Erde, auf. Es sind die Vulkane. Und die Mutter Erde ruft: ‚Jetzt *kann ich euch nicht mehr tragen! – Friede, Friede, Friede', ruft sie. Und die Lava strömt aus ihrem Mund und bedeckt große Teile der Erde.*

Zu diesem Bild gehört auch noch, dass eure sogenannten Satelliten, eure geschaffenen Himmelskörper, von eurem Himmel fallen werden, und es wird ein Getöse auf dieser Erde sein. Kleinere und größere Polsprünge werden den großen vorbereiten, und es wird Friede sein, denn das Magma der Erde tritt nach außen und deckt alles zu."

Wo stehen wir heute?
Machen Sie sich selbst ein Bild:

Einige Fakten und Berichte zeigen die derzeitige Situation auf:

Auf dem Weg in die „Heißzeit"?
Planet könnte kritische Schwelle überschreiten
Selbst bei Umsetzung der im Pariser Abkommen festgelegten Pläne zur Minderung von Treibhausgasemissionen bleibt ein Risiko, dass der Planet durch verschiedene Rückkopplungsprozesse in

einen Zustand gerät, den die Forscher als „Hothouse Earth" bezeichnen. Eine solche Heißzeit wäre langfristig durch etwa 4°C bis 5°C höhere Temperaturen charakterisiert sowie durch einen Meeresspiegelanstieg um 10 bis 60 Meter. Derzeit liegt die globale Durchschnittstemperatur bereits um gut 1°C über dem vorindustriellen Niveau und steigt etwa 0,17°C pro Jahrzehnt an.
(Pressemittelung des Postdam-Instituts für Klimafolgenforschung am 06.08.2018)

Klimaforscher sehen bedenkliche Temperaturentwicklung

Das Jahr 2017 gehört zu den heißesten Jahren seit Beginn der Wetteraufzeichnungen. Wie die US-Weltraumbehörde Nasa bekannt gab, lag die weltweite Oberflächentemperatur 2017 um 0,9 Grad Celsius höher als im langjährigen Durchschnitt von 1951 bis 1980. Das macht 2017 laut Nasa zum zweitwärmsten Jahr der Geschichte. Nur 2016 war demnach noch wärmer.

Die fünf heißesten Jahre seit Beginn der Aufzeichnungen liegen alle nach 2010. Die Klimaforscher sind sich daher einig, dass die globale Erderwärmung sich weiter fortsetzt. (Süddeutsche Zeitung, 18. Januar 2018)

Der Hitzesommer 2018

Trotz des Wetterphänomens La Niña, was die Temperaturen senkt, erlebten wir im Jahr 2018 den heißesten Juni, seit es Temperaturaufzeichnungen gibt.

- Am 28. Juni wurden in Glasgow Temperaturen von 31,9 Grad Celsius erreicht. In Shannon, Irland, wurden sogar 32 Grad gemessen – ein neuer Rekord. Im Normalfall überschreiten die Temperaturen dort im Juni nicht einmal die 20 Grad Marke.

- In Georgien wurde im Juni 2018 ein Allzeithoch von 40,5 Grad gemessen.

- Montreal in Kanada erreichte die höchsten Temperaturen seit 147 Jahren. Die Hitzewelle forderte dort den Tod von 70 Menschen, vor allem durch Kreislauferkrankungen.

- In Ouargla, einer Stadt Algeriens in der Sahara, wurde eine Temperatur von unglaublichen 51,3 Grad erreicht.

Im jetzigen Klimawandel-Szenario werden Hitze-wellen „in der zweiten Hälfte des 21. Jahrhunderts alle zwei Jahre auftreten", berichtet Vladimir Kendrovski, der im Europabüro der Weltgesundheitsorganisation (WHO) für die Abteilung Klimawandel und Gesundheit zuständig ist. Kendrovski erläutert, dass „die Hitzewelle in Europa in den letzten Jahrzehnten mehr Tote gefordert hat als irgendein anderes Extremwetter". (Deutsche Welle, 18.07.2018)

Uno-Bericht: 2017

Der Klimawandel hat bereits heute auf der ganzen Welt tiefgreifende und besorgniserregende Auswirkungen. Die Erdtemperatur stieg 2016 weiter an und erreichte einen neuen Rekord von etwa 1,1° C über dem Wert der vorindustriellen Zeit. Die weltweit von Meereis bedeckte Fläche sank 2016 auf 4,14 Millionen Quadratkilometer, den zweit-niedrigsten Wert überhaupt. Die CO_2-Konzentration in der Atmosphäre erreichte 400 ppm (Teile je Million). In weiten Teilen der Welt herrschte im Zuge des El-Niño-Phänomens Dürre. Neben dem Ansteigen des Meeresspiegels und der Erdtemperatur häufen sich auch extreme Wetterereignisse, und natürliche Lebensräume wie Korallenriffe gehen zurück. Diese Veränderungen treffen Menschen in aller Welt, schädigen jedoch unverhältnismäßig stark die Ärmsten und Schwächsten... Von 1990 bis 2015 starben bei international gemeldeten Naturgefahren über 1,6 Millionen Menschen, und die Zahlen steigen.

Naturkatastrophen, was erwartet uns?
Prof. Dr. Harald Kunstmann, Klimaforscher und Hydrologe an der Universität Augsburg, sagte, dass die Tage mit extremen Niederschlägen häufiger werden, aber auch die Tage, an denen man überhaupt keinen Regen hat; die Tage mit „normalem" Wetter würden entsprechend weniger. ... Es sei im Moment nicht zu sehen, dass die Treibhausgas-Emissionen irgendwie abflachen. Es sei nicht nur so, dass es wärmer werde, es habe große Auswirkungen auf die Landwirtschaft, auf die Ernährung, auf die Forstwirtschaft, auf die Energieversorgung, auf Wasserversorgung, auf unsere Sicherheit. Theoretisch müssten wir alle Emissionen auf Null zurückfahren, um die Klima-

änderung zu stoppen. Das sei aber absolut unrealistisch. Und selbst wenn wir sie zurückführen, ginge trotzdem die Erwärmung noch weiter. Die Eiskappen werden weiterhin abschmelzen, die produzierte Wärme ist in den Ozeanen und sie kommt nach oben, das heißt, es wird eigentlich sehr schwer bis unmöglich, hier das Ruder noch herumzureißen. (BR alpha Demokratie, 26.07.2018)

Die Antarktis: schmilzt
Drei Billionen Tonnen antarktisches Eis haben sich seit 1992 verflüssigt. Seit fünf Jahren schwindet das Eis besonders schnell, was die Meere gefährlich ansteigen lässt. Die größte Eismasse der Erde schwindet. Und die dortigen Entwicklungen werden mit darüber entscheiden, wie der Klimawandel sich künftig auswirkt. Eine nun in der Fachzeitschrift Nature veröffentlichte Analyse zeigt, dass die Antarktis gegenwärtig bereits zu einem höheren Anstieg des Meeresspiegels beiträgt als je zuvor in den vergangenen 25 Jahren (IMBIE, 2018). Würde all das gefrorene Wasser in der Antarktis schmelzen, stiege der Meeresspiegel um rund 60 Meter an. Schon ein Meter würde

reichen, um große Teile der deutschen und niederländischen Küste unter Wasser zu setzen.
60 Meter wiederum ließen den Kölner Dom im Meer stehen. Keine sonderlich angenehme Vorstellung. (DIE ZEIT, 13.6.2018)

„Gletscherschmelze ist nicht mehr aufzuhalten"
Die Gletscher werden weiter schmelzen – selbst wenn sich alle Länder an das internationale Klimaabkommen von Paris halten. Zu diesem Ergebnis kommt eine aktuelle Studie von Wissenschaftlern der Universitäten Bremen und Innsbruck, die im Fachmagazin „Nature Climate Change" veröffentlicht wurde. Danach werden etwa 36 Prozent des Gletschereises langfristig verloren gehen. (DIE ZEIT, 19.3.2018)

Wärmerekord: Mega-Eisscholle bricht vom Gletscher ab
Auch in Grönland war es im Sommer 2016 ungewöhnlich warm. Jetzt brach eine 95 Quadratkilometer große Eisscholle von einem Gletscher ab. Der Grönländische Eisschild verlor zwischen 2003

und 2010 doppelt soviel Masse wie im ganzen 20. Jahrhundert. (Münchner Merkur 15.9.2016)

Abschwächung des Golfstromsystems

Die als Golfstromsystem bekannte Umwälzströmung im Atlantik – eines der wichtigsten Wärmetransportsysteme der Erde, das warmes Wasser nach Norden und kaltes Wasser nach Süden pumpt – ist heute schwächer als je zuvor in den vergangenen 1000 Jahren. Temperaturdaten von der Meeresoberfläche liefern neue Belege dafür, dass sich diese große Ozeanzirkulation seit Mitte des 20. Jahrhunderts um etwa 15 Prozent verlangsamt hat. Das zeigt eine Studie, die jetzt von einem internationalen Wissenschaftlerteam in der renommierten Fachzeitschrift Nature veröffentlicht wurde. Der vom Menschen verursachte Klimawandel ist der Hauptverdächtige für diese beunruhigenden Beobachtungen. (Pressemeldung des Potsdaminstituts für Klimafolgenforschung, 11.4.2018)

Klimawandel lässt Flüsse über die Ufer treten

Veränderte Regenfälle als Folge der globalen Erwärmung werden das Risiko von Überschwemmungen an Flüssen vielerorts stark erhöhen. Schon heute gehören derartige Fluten zu den häufigsten und verheerendsten Naturkatastrophen. Wissenschaftler haben jetzt die bis in die 2040er Jahre nötige Erhöhung des Hochwasserschutzes in allen Teilen der Welt berechnet, bis hinunter zu einzelnen Regionen und Städten. Sie stellen fest, dass der Anpassungsbedarf in den USA, in Teilen Indiens und Afrikas, in Indonesien und in Mitteleuropa einschließlich Deutschland am größten ist. Ohne Gegenmaßnahmen wären viele Millionen Menschen von schweren Überschwemmungen bedroht. (Pressemeldung des Potsdaminstituts für Klimafolgenforschung, 11.01.2018)

Aussagen des Klimaforschers Prof. Dr. Mojib Latif
(TV-Interview, „Die Neue Zeit TV", 2018):

- „Wenn wir so weitermachen, wie bisher, werden wir eine Welt bekommen, in der man in vielen Regionen der Erde gar nicht mehr leben kann, weil es unendlich heiß wird, weil die Luftfeuchtigkeit ansteigen wird und Menschen in diesen Regionen nicht mehr überleben können."

- „Wenn wir eine bestimmte Erwärmung errei-
  chen, werden wir bestimmte Prozesse nicht
  mehr aufhalten können. Dann bekommen wir
  ein komplettes Abschmelzen des Grönland-
  Eises und des Antarktischen Eises – und dann
  bekommen wir einen Meeresspiegelanstieg
  von 60 Metern."

- „In gewisser Weise sind wir schon zu spät, weil
  wir sehen schon die Auswirkungen, die haben
  schon Milliarden Schäden verursacht, extreme
  Unwetter, Überschwemmungen, extreme Trockenheit, Hitze... das heißt, es sind schon
  ernst zu nehmende Faktoren. Viele Länder
  leiden heute schon unter dem Klimawandel."

- „Der Klimawandel wird viele Regionen extrem
  beeinträchtigen, was die Lebensbedingungen
  angeht. Das wird nicht nur Migrationen aus-
  lösen, sondern auch Frustrationen, Unzufrie-
  denheit. Das wird am Ende dazu führen, dass
  auch die Weltwirtschaft betroffen sein wird. In
  Folge des Klimawandels wird es zu einer weltweiten Rezension kommen. Wenn man all diese
  Dinge hinzunimmt, muss man sagen, dass die

Welt allein durch den Klimawandel aus den Fugen geraten kann; das wird sich in der Sicherheitslage auf diesem Planeten niederschlagen. Darum sagt das Pentagon, dass Gefahr durch den Klimawandel höher zu bewerten ist als die durch den internationalen Terrorismus."

• „Wir haben nur diese eine Erde und wenn wir diese Erde so stark schädigen, dass sich die Lebensbedingungen dramatisch verschlechtern, dann werden wir das nicht mehr reparieren können. Wir Menschen können nicht alles. Das ist diese Hybris, die uns innewohnt, dass wir alles richten können. Aber es ist so, dass die Natur uns beherrscht, und am Ende wird die Natur obsiegen, in welcher Form auch immer. Wir Menschen werden dann von diesem Planeten verschwinden. Ich glaube, das haben wir nicht realisiert, dass wir nur ein kleines Rädchen im Gesamtsystem sind. Und das Gesamtsystem kann sehr gut ohne uns auskommen..."

Dürre: Hungersnot und Wassermangel

Im Jahr 1990 sprach Christus, der Mitregent des Reiches Gottes, folgende mahnenden Worte durch Gabriele:

„Die Menschheit hält im Äußeren vieles aufrecht – dafür sorgen eure Politiker und eure kirchlichen Obrigkeiten. Alles, was schon ist, wird soweit zugedeckt, damit es die Menschen kaum erfahren. Und doch: Große Teile der Erde werden zur Steppe.

Die Hungersnot bricht da und dort auf. Viele Menschen machen sich auf den Weg, um Nahrung zu finden, um wieder Obdach zu haben. Gleichzeitig kommen die Katastrophen; nicht nur die Naturkatastrophen, sondern auch ganze Völkerkatastrophen – denn die, die hungern, all jene, denen das Äußere hinweggenommen wurde, werden mehr und mehr aggressiv. Sie greifen zu allen möglichen Gegenständen, die sie dann zu Waffen machen gegen ihre Nächsten, um zu beuten, um zu holen, um sich das zu verschaffen, was sie gerade noch für ihre Körper erhalten können."

Ähnliche Ankündigungen finden sich in einer Christus-Botschaft aus dem Jahr 1994:

„Ihr sprecht von der Atmosphäre der Erde. Die Atmosphäre der Erde ist die Weltkarte. Wahrlich, Ich sage euch, sie schaut düster aus. Große Flecken sind jetzt schon dunkel. Der Ist-Zustand zeigt auf, was auf der Erde sein wird: ein Chaos ohnegleichen. Da und dort verdorrt und verbrennt das Land; die Menschen leiden unsagbar unter diesen Einflüssen. In Städten und an verschiedenen Orten brechen Epidemien aus. Wer fragt heute schon danach? Wer denkt heute wohl darüber nach? ...

Die Wüste nimmt immer mehr zu. Stürme tragen mit dazu bei. Sie machen alles nieder, was nicht mehr verwurzelt ist ... Die Erde bäumt sich auf. Dort ist Hitze, dort verbrennt alles; anderswo ist eisige Kälte, dort vereist alles ..."

Wo stehen wir heute?
Machen Sie sich selbst ein Bild:

2016: Dürre in Ostafrika, 17 Millionen hungernde Menschen

2016 litten die Menschen in Ostafrika unter der schlimmsten Dürre seit fünfzig Jahren mit über 17 Millionen hungernden Menschen. Es war heiß und trocken, die Regenzeit von Oktober bis Dezember fiel fast komplett aus, Ernten wurden vernichtet. Ziegen und Rinder magerten bis auf die Knochen ab. Mehr als 17 Millionen Menschen seien in der Region auf Lebensmittelhilfen dringend angewiesen, so die UN, betroffen seien aber noch viel mehr. Am schlimmsten sei es in den Krisenländern: Im Südsudan haben die Vereinten Nationen offiziell eine Hungersnot ausgerufen. Somalia, wo die Hälfte der Bevölkerung Hilfe benötigt, stand kurz davor. In Äthiopien seien bis zu zehn Millionen von Hunger betroffen. Kenias Regierung rief in den trockenen Landesteilen den Notstand aus – 3,4 Mio. Menschen benötigten Lebensmittelhilfe. Selbst in Uganda, in Burundi, in Mosambik, Tansania, Malawi, Sambia und Simbabwe war die

Dürre spürbar. Eine „normale Regenzeit", die für die tiefer gelegenen Regionen Äthiopiens und angrenzende Ländern üblich war, gab es seit 2011, dem Jahr der ersten dramatischen Dürre, nicht mehr – auch dies eine Folge der Klimakatastrophe. (Deutscher Nachrichtensender ntv, 28.3.2017 und 3.4.2017, und Welthungerhilfe 24.3.2018)

2016: Schwere Dürre und tödliche Hitze in Indien
330 Millionen Menschen in Indien waren 2016 von der schwersten Dürre seit Jahrzehnten betroffen mit mehr als 2000 Fällen von Hitzetod. 10 der 29 Bundesstaaten meldeten offiziell Wassermangel an. Ungewöhnlich früh erreichte in weiten Teilen des Subkontinents die Temperatur mehr als 40 Grad und oft sogar mehr als 45 Grad. Die Bewohner der ausgetrockneten Landstriche hatten kein ausreichendes Trinkwasser und auch nicht genug Wasser für ihre Felder und Tiere. Mehr als 60 Prozent der 1,3 Milliarden Inder sind Bauern und damit besonders auf Wasser angewiesen.
(Spiegel Online, 23.4.2016)

2018: Die Wasserreserven
von Kapstadt in Südafrika sind erschöpft

Zu Jahresbeginn wurde prognostiziert, dass am 12. April 2018 die Wasserreserven von Kapstadt völlig erschöpft sein würden. Die Ankündigung des „Day Zero" sorgte weltweit für Schlagzeilen. In der Zwischenzeit hat die Stadtregierung den Tag auf 2019 verschoben. Zur Bewältigung der Wasserkrise mussten die Einwohner ihren Wasserverbrauch drastisch auf 50 Liter pro Tag einschränken. Die Rationierungsmaßnahmen wurden weiterhin aufrecht erhalten. Denn: Die Wassermengen in den Speicherseen sinken nach wie vor. Doch die Wasserprobleme bleiben nicht nur auf Afrika beschränkt. Die BBC hat kürzlich elf Metropolen genannt, die ein ähnliches Schicksal wie Kapstadt erleiden könnten. Darunter sind Städte wie São Paulo, Kairo, Peking, London und Miami. (Informationsplattform Afrika.info 4.4.2018)

2018: Dürre, Hitzewellen und Brandrisiko
in ganz Europa

Die Regenfälle sind im Juli 2018 in vielen Regionen Mittel- und Nordeuropas niedriger oder viel

niedriger als normal. Die Wasserpegel in Flüssen in Mitteleuropa sind gefallen, besonders am Rhein und seinen Nebenflüssen, mit erheblichen Folgen für den Transport.
(European Drought Observatory – 10.8.2018)

2018: Die Dürre wird vor allem Südeuropa verändern

Mit Blick auf die derzeitige Hitze in Deutschland und Europa (2018) sagte der Klimaforscher Andreas Marx im Deutschlandfunk: "Die aktuelle Dürre hat sich vor allem in Mitteleuropa stark ausgeprägt. Vor allem Deutschland, aber auch Belgien und die Niederlande sind im Moment sehr stark betroffen. England und Skandinavien erleben momentan eine außergewöhnliche Dürre, die so nicht häufig stattfindet – vor allem auch mit sehr hohen Temperaturen, die man so in Skandinavien nicht gewohnt ist." Prognosen, wie sich das Auftreten von Dürren verändert, hätten gezeigt, dass vor allem Südeuropa deutlich stärker betroffen ist. „Wir haben uns in einer Studie in diesem Jahr angeschaut, wie sich ganz Europa verändert mit wärmeren Temperaturen." 1,5 Grad

Erwärmung habe Europa schon fast erreicht, so Marx. Überschreite man die Zwei-Grad-Marke, dann kippe auch in Mitteleuropa das System in einen ungünstigen Zustand. Der Schwerpunkt sei aber der Mittelmeerraum, von der Iberischen Halbinsel über Italien bis nach Griechenland, wo es dann teilweise eine Verdreifachung der Dürrezeiten und eine Erwärmung um drei Grad geben könnte. „Man mag sich gar nicht vorstellen, wie man dann in den Regionen noch weiter wirtschaften und leben will", sagte Andreas Marx mit Blick auf den Wassermangel, der dort heute schon teilweise herrscht. (Deutschlandfunk, 5.8.2018)

2018: Die Schweiz, das Wasserschloss Europas, der Ursprung der Flüsse Rhone, Rhein, Tessin und Inn, trocknet aus

Nach dem Jahrhundertsommer 2003, dem trockenen Frühsommer 2011 und dem Hitzesommer 2015 erlebte die Schweiz im Jahr 2018 erneut eine Extremsituation, wie sie eigentlich nur alle paar Jahrzehnte auftreten sollte. Die Pegel der Flüsse und vieler Seen waren zu niedrig, die Wassertemperaturen teilweise so hoch, dass ein Fischsterben drohte. Zudem herrschten im nördlichen Alpenraum sowie im Wallis große bis sehr große Waldbrandgefahr. Das Bundesamt für Meteorologie und Klimatologie (MeteoSchweiz) sprach von „extremer Regenarmut" und „Rekordwärme". Die Schweiz erlebe die „niederschlagsärmste April-Juli-Periode seit fast 100 Jahren." (ZEIT ONLINE, 4.8.2018)

2018: Viele Landwirte in Europa kämpfen gegen Rekorddürren

In Großbritannien herrschte laut Meteorologen der trockenste Sommer seit mehr als 50 Jahren. In Italien gibt es Klimaanlagen für Kühe, und in den Niederlanden wurde die Bewässerung verboten. In Polen herrscht 2018 auf mehr als 60 Prozent der Anbauflächen Dürre. (Agrarheute 2.8.2018)

2018: Deutschland: Das dritte schwierige Jahr in Folge bedroht Existenzen der Landwirte

Viele Pflanzen leiden bei Sonne und ungewöhnlich sommerlichen Temperaturen um die 30 Grad Celsius unter Trockenstress. Die Oberkrume der frisch bearbeiteten Ackerflächen trocknet durch die starke Sonneneinstrahlung stark aus. Hafer,

Gerste und Roggen sind derart geschädigt, dass sie nicht mehr zur Nahrungsmittelproduktion verwertet werden können. Selbst als Tierfutter sind die mickrigen Körner ungeeignet. Auch bei der Heu-Ernte für die Tierhaltung hat das Gras bei vielen Landwirten beim ersten Schnitt 50 Prozent weniger Ertrag als sonst. Und das Gras für den zweiten Schnitt wächst erst gar nicht, weil der Regen fehlt. Die Betriebe müssen Getreide zukaufen, weil die eigenen Futterquellen versiegt sind. Das Landwirtschaftsministerium im nordöstlichsten Bundesland hat sogar die Randstreifen zur Futtergewinnung freigegeben, obwohl sich auf diesen ökologischen „Vorrangflächen" die Natur ausbreiten soll, um die Artenvielfalt zu fördern und insbesondere Insekten anzulocken – eine kurzfristige Strategie, um die dritte Missernte in Folge abzumildern. (Deutsche Welle, 18.7.2018)

Auch das Bodenleben leidet erheblich

Die Vielfalt und Menge von wichtigen Bodenbakterien werden durch die extremen Hitzewellen längerfristig geschädigt. Neue Experimente zeigen, dass die Trockenheit besonders den Bodenbakterien und ihren ökologisch wichtigen Netzwerken schadet – und dies nicht nur während der Dürre, sondern noch Monate danach. (Nature Communications, 2018)

Bodenerosion wird zur globalen Gefahr

Fruchtbare Böden gehen weltweit verloren. Nach Angaben der Deutschen Gesellschaft für internationale Zusammenarbeit (GIZ) sind in den vergangenen 25 Jahren etwa 24 Prozent der weltweiten Landoberfläche degradiert. Dieser Verlust von fruchtbarem Land gefährdet laut GIZ etwa 1,5 Milliarden Menschen unmittelbar, weltweit seien so über 110 Länder in ihrer wirtschaftlichen und sozialen Entwicklung durch die sogenannte Desertifikation bedroht. „Wir nutzen die Böden der Welt, als wären sie unerschöpflich, und heben dabei von einem Konto ab, auf das wir nicht einzahlen", warnt Experte Jes Weigelt vom Institut für Nachhaltigkeitsstudien (IASS) in Potsdam. „Es braucht häufig mehrere Tausend Jahre, bis sich eine dünne Schicht fruchtbarer Oberboden bilden kann, aber nur eine Stunde starken Regens, um ihn zu verlieren. Böden sind in menschlichen Zeiträumen nicht erneuerbar", so Weigelt. Die Ursachen für den Verlust von fruchtbaren Böden sind vielfältig. An oberster Stelle steht die intensive Landwirtschaft, die Überweidung der Flächen mit zu vielen Tieren und der unangepasste Ackerbau, der zu Erosionen durch Wind und Wasser führt. Aber auch chemische Dünger, Pestizide und maschinelle Verdichtungen reduzieren das Leben in der Bodenschicht und damit die Fruchtbarkeit. Darüber hinaus ist auch die Entwaldung zur Gewinnung von neuem Ackerland und zur Verwendung der Bäume als Brenn- und Bauholz eine Ursache der weltweiten Desertifikation. Besonders betroffen vom Verlust der Böden und der Wüstenbildung sind nach Angaben des Übereinkommens der Vereinten Nationen zur Bekämpfung der Wüstenbildung (UNCCD) Menschen in Afrika und Asien. Nach Schätzungen wird die Anbaufläche pro Einwohner in Afrika südlich der Sahara bis 2025 im Vergleich zu 1990 um 60 Prozent schrumpfen. In Lateinamerika wird ein Rückgang von 40 Prozent erwartet. In Zentralasien seien nach Angaben von GIZ vor allem in Kasachstan, Kirgistan, Tadschikistan und Turkmenistan über die Hälfte der Landesflächen akut von der Desertifikation bedroht. (Deutsche Welle, 17.6.2017)

Waldbrände

1997 sprach Gott, der Ewige, durch Seine Prophetin, Gabriele:

„Die Mutter Erde schüttelt sich durch Stürme, durch Waldbrände und vieles mehr und ruft: ‚Ihr Menschen, was habt ihr aus mir gemacht?'"

Der Christus Gottes hat, wie erwähnt, bereits 1991 die Menschen gewarnt:

„Es gibt kein Zurück mehr!
Die Fluten stehen auf. Die Feuersbrünste werden immer größer ..."

Wo stehen wir heute?
Machen Sie sich selbst ein Bild:

Größter Waldbrand in Kaliforniens Geschichte
Zwei Waldbrände im Norden Kaliforniens sind 2018 zum größten bekannten Feuer in der Geschichte des US-Staates zusammengewachsen. Das Feuer nahe dem Ort Mendocino nördlich von San Francisco hatte eine Fläche von knapp 1150

Quadratkilometern erfasst, teilte die kalifornische Feuerschutzbehörde mit. Das entspricht fast der Größe von Los Angeles oder zweimal der Größe des Bodensees. (ZEIT ONLINE, 7.08.2018 und New York Times, 10.08.2018)

Schlimmste Waldbrände seit Menschengedenken

Im Sommer 2018 wurden selbst die skandinavischen Länder Schweden und Norwegen von ungewöhnlich extremer Hitze heimgesucht. Nach Angaben der schwedischen Zivilschutzbehörde erlebte das Land die schlimmsten Waldbrände in moderner Zeit. Große Waldflächen sind bereits abgebrannt. Es wurden bis zu 80 Brände gleichzeitig gezählt.

(Mitteldeutscher Rundfunk, 20.07.2018)

Dutzende Tote bei Waldbränden

In Portugal und Spanien wüten insbesondere in den Sommermonaten immer wieder Waldbrände, im Sommer 2017 waren sie besonders verheerend. Ausläufer des Wirbelsturms „Ophelia" verschlimmern die Situation. Mitte Juni starben 64 Menschen bei schweren Bränden in Portugal, mehr als 250 weitere wurden verletzt. Bis Ende September wurden bereits fast 216.000 Hektar Wald zerstört. (Spiegel Online, 17.10.2017)

3,5 Millionen Hektar Wald verbrannt

Auswertungen von Satelliten-Daten durch Greenpeace zeigen, dass 2016 in Russland eine Fläche von 3,5 Millionen Hektar Wald verbrannte. Die Organisation vermutet, dass der Klimawandel dazu beiträgt, dass Waldbrände in Russland immer öfter ausbrechen, mit dramatischen Konsequenzen für die Natur, Menschen und Wirtschaft. In den letzten 20-30 Jahren ist dort die Häufigkeit von Waldbränden um 30-50 Prozent gestiegen. Russland besitzt mit 808 Millionen Hektar die größte Waldfläche weltweit. In den Jahren von 2000 bis 2005 verbrannten in Russland durchschnittlich knapp 7 Millionen Hektar Wald pro Jahr. (The Guardian, 16.01.2016 und Zahlenangaben von Sukachev Institute of Forest)

Stürme

Bereits 1991 offenbarte der Christus Gottes:

„Und die Atmosphäre wird Zeichen des Sturmes geben ..."

Welche Auswirkungen die Zeichen des Sturmes haben werden, davor warnte 1993 Christus:

„O sehet, die Stürme der Zeit sind nicht nur angesagt – sie stürmen, gleich toben, auf allen Kontinenten. Doch das ist erst der Beginn. Ganze Kontinente kommen ins Schwanken, denn die Erdplatten rotieren immer mehr, weil sich das Magma der Erde immer mehr erhitzt. So erhitzt sich auch die gesamte Erde. Ihr denkt nur immer an die Atmosphäre, die zerstört ist. Ich aber sage euch: Das Magma erhitzt sich mehr und mehr, und dadurch kommt vieles in Bewegung. Die Erde erhitzt sich. Das Eis schmilzt. Die Fluten kommen, und die Stürme leiten sie ein ...

Ich sprach von den Stürmen der Zeit, welche die Erde heimsuchen werden. Doch erkennt: Es werden aber auch gewaltige Stürme über das Land fegen, und so manche Bauwerke werden

*einstürzen. Den Feldern wird der gute Boden
genommen werden. Was ihr eingepflanzt habt,
wird aus den Äckern gerissen werden, denn
die Stürme toben gewaltig, und sie fegen nicht
nur übers Land – es sind gleichsam Wirbelstürme, die sich aufbauen und ganze Gemeinden,
Dörfer und Städte zum Bersten bringen."*

Wo stehen wir heute?
Machen Sie sich selbst ein Bild:

Rekord-Hurrikan in der Karibik

Der Hurrikan „Irma" war ein absoluter Rekord-
Hurrikan: „Irma" tobte mehr als 37 Stunden als
Wirbelsturm der höchsten Kategorie 5. „Eine derartige Intensität über eine solch lange Dauer hat
es weltweit seit Beginn der Satellitenära noch
nicht gegeben." Den bisherigen Rekord hatte
Super-Taifun „Haiyan" aufgestellt, der 2013 auf
den Philippinen wütete. Er erreichte Windge-
schwindigkeiten von rund 295 Stundenkilometern
wie „Irma", dies aber nur über 24 Stunden. Die
Wucht der tropischen Wirbelstürme ist nach Ein-
schätzung von Potsdamer Klimaforschern (PIK)

auf den Klimawandel zurückzuführen. (Weltorganisation für Meteorologie, 12.09.2017 & Potsdamer Zeitung Potsdam/Berlin/Paris, 7.9.2017)

4645 Menschen starben durch Hurrikan „Maria"
Auf Puerto Rico sind infolge des Hurrikans „Maria" im Jahr 2017 einer Studie zufolge um ein Vielfaches mehr Menschen gestorben als offiziell bestätigt. Laut Forschungen der Universität Harvard kamen auf der Karibikinsel mindestens 4645 Menschen ums Leben. Die US-Regierung hatte die Zahl zuletzt mit 64 angegeben. Die Studie wurde im „New England Journal of Medicine" veröffentlicht. Sie zählt zu den Opfern nicht nur die Menschen, die unmittelbar in dem Hurrikan ums Leben kamen. Sie bezieht auch alle ein, die etwa wegen verspäteter medizinischer Hilfe gestorben sind. Hurrikan „Maria" hatte Puerto Rico am 20. September 2017 getroffen. Experten stuften ihn auf die höchste Kategorie ein, er sorgte für großflächige Zerstörungen und für Stromausfälle auf der gesamten Insel: Betroffen waren alle 3,4 Millionen Einwohner – und auch die Krankenhäuser. (Spiegel Online, 30.5.2018)

Der stärkste Monsun seit langem

Im Jahr 2016 litten weite Landstriche Indiens unter einer Dürrekatastrophe, denn der vorangegangene Monsun war spärlich gewesen, und dadurch vertrockneten die Felder, Vieh verdurstete, eine ganze dörfliche Ökonomie und Lebenswelt kollabierte. Im Jahr 2017 war es die Überfülle des Wassers, die auf dem indischen Subkontinent Verwüstungen anrichtete. Mumbai, das Finanzzentrum des Landes mit 20 Millionen Bewohnern, wurde ebenfalls stark betroffen. Insgesamt waren in Südasien in wenigen Wochen nach Schätzungen des Roten Kreuzes/Roten Halbmonds mindestens 1.200 Menschen in den Fluten umgekommen. Im Jahr 2013 kostete das Zusammentreffen von Regengüssen, Erdrutschen und Überflutungen in Nordindien vermutlich fast 1.000 Menschen das Leben. (ZEIT ONLINE, 31.8.2017)

230 Tote durch Tropensturm „Tembin"

Der Sturm „Tembin" war am Freitag, den 22.12.2017, an der Ostküste von Mindanao, der zweitgrößten philippinischen Insel, auf Land getroffen. Heftige Regenfälle lösten Überschwemmungen und

Erdrutsche aus. Ein Bergdorf wurde nach Polizei-angaben vollständig zerstört: „Das Dorf ist nicht mehr da." Über 200 Menschen sind ums Leben gekommen. Ein Fluss sei über die Ufer getreten und habe fast alle Häuser weggeschwemmt, sagte ein Polizist aus Tubod.

Die Philippinen werden jedes Jahr von rund 20 Taifunen und anderen Stürmen heimgesucht. Zu den schlimmsten Stürmen in der jüngeren Ver-gangenheit zählte der Supertaifun „Haiyan", der das Land im November 2013 traf. Mehr als 7.350 Menschen wurden getötet, ganze Städte wurden verwüstet. (Tagesschau.de, 24.12.2017)

Taifun „Meranti" wütet in Taiwan und China
Taifun Meranti fegte über den Süden Taiwans hinweg. Auch China wurde vom Sturm getroffen. Meranti gilt als der schwerste Sturm weltweit in 2016. Mehr als eine halbe Million Haushalte in Taiwan wurden von der Stromversorgung abge-schnitten. (FAZ, 5.9.2016)

Vulkane und Erdbeben,
Seebeben und Flutkatastrophen

Der Christus Gottes sprach durch Gabriele im Februar 1984:

„Blickt auf die Erde! Was geschieht mit diesem leuchtenden Planeten? Das Herz der Erde, die Meere, sind verunreinigt durch atomare Kraft, durch weitere Verunreinigungen. Flüsse und Seen sind verschmutzt. Der Atommüll wird in die Erde und in die Meere gebracht. Was geschieht? Die Meere heizen sich mehr und mehr auf, die unterirdischen Wasserquellen sind verunreinigt; erhöht Quecksilber und Blei strahlt aus der Erde, und die Meere kochen. Die Polkappen schmelzen; der Kreislauf der Erde ist verunreinigt, wird ebenfalls erhitzt. Dadurch erhöht sich die Vulkantätigkeit; Polsprünge zeigen sich an, wodurch sich die Meere aus den Betten heben und andere Becken suchen. Das Festland, das unter dem Wasser ist, steigt empor, und das derzeitige Festland wird weitgehend überflutet. Zugleich tosen die Vulkane, zugleich werden Erdbeben sein, und zugleich bekämpfen sich die Menschen."

Der Cherub der göttlichen Weisheit sprach im August 1986:

„Die Meere sind der Herd – die Herdplatte ist die Erde. Die Meere werden an- und aufgeheizt, die Herdplatte beginnt zu glühen. All diese negativen Schwingungen wirken auf Seelen und Menschen ein; Erdbeben, Vulkanausbrüche und dergleichen sind die sogenannten Naturkatastrophen."

Und einige Monate zuvor, im Juni des Jahres 1986 sprach Christus:

„Der Tod geht einher und wird viele hinwegraffen. Die Angst wird steigen; Bürgerkriege und Kriege werden entstehen. Vulkane werden ausbrechen, um die Erde zu reinigen. Die Lava wird viele Landstriche überfluten und zudecken, was ungesetzmäßig, ja schädlich für Erde, Mensch und Atmosphäre ist.
Und die Kräfte der Unendlichkeit werden die Lava aufbereiten, so dass sie die Erde neu befruchtet. Da und dort werden die Meere andere Becken suchen, und so wird sich die Erde reinigen. Durch innere Bewegungen, durch

Erdbeben, wird sie aufgerissen, und in den Spalten wird versinken, was nicht gesetz-mäßig ist."

Das Reich Gottes mahnte weiter, und der Cherub der göttlichen Weisheit sprach im Oktober 1989 durch Gabriele:

„Erkennt: Durch die Ursachen der Menschen ist die Erde zum Feuerofen geworden. Schichten der Atmosphäre lösen sich auf – die Welt ist wie ein Dampftopf, der auf der Erde steht; sie kocht. Was geschieht? Die Erdschollen bewegen sich immer rascher – sie wandern. Das löst weitere Katastrophen aus: Erdbeben, Vulkanausbrüche und vieles mehr."

In einer mächtigen Schöpferbotschaft im November 1997 erhob Gott, der Ewige, durch Gabriele Seine Stimme als Kläger für die Mutter Erde und sprach:

„Und die Menschen zu allen Zeiten hören weder auf den Ruf der gequälten Erde, geschweige auf das Wort Gottes durch Propheten und Prophetinnen, durch geistig erleuchtete

Männer und Frauen, durch Kämpfer für das Reich des Inneren. Und so tut sich der Mund der Erde, der Mutter Erde, auf. Es sind die Vulkane. Und die Mutter Erde ruft: ‚Jetzt kann ich euch nicht mehr tragen! Friede, Friede, Friede', ruft sie. Und die Lava strömt aus ihrem Mund und bedeckt große Teile der Erde."

Auch 1987 gab der Cherub der göttlichen Weisheit durch Gabriele den Menschen ein treffendes Bild:

„Der mächtige Riese, das Kausalgesetz, der Riese mit den vielen Ursachen, welche die Menschen in den Jahrhunderten und Jahrtausenden geschaffen haben, wovon vieles noch nicht gesühnt ist, geht über die Erde.

Der mächtige Riese tritt einmal da-, dann wieder dorthin. Wo er seinen Fuß hinsetzt, dort beginnen die Wirkungen und zeigen dem Menschen, was er selbst verursacht hat. Dort tritt er hin: ein Erdbeben; dort eine weitere Katastrophe; dort beginnt ein Krieg. Dort tritt er hin – atomare Verunreinigung, und er tritt auch in die Meere."

1986 erklärte Christus durch Gabriele folgenden Zusammenhang:

„Die sogenannte Erdachse, wie ihr sie nennt, wird sich nicht nur verändern, sondern sie wird auch in ihrer Rotation unterschiedlich sein – und somit die ganze Erde. Wahrlich, Ich sage euch: Es wird sich eine Kraft in der Erde bilden, welche die Erdachse ablöst. Doch bis dahin wird sich auf der Erde einiges vollziehen.

Die sogenannte Erdachse verändert sich und bewegt sich in eine bestimmte Richtung. Der Mensch würde sagen: ‚Sie knickt.‘ Doch dieser Knick ist für die Menschen nicht sichtbar; sie empfinden es, denn die Jahreszeiten verändern sich, die Zeit geht schneller.

Die Kräfte auf und in der Erde deuten darauf hin, dass von innen nach außen Großes geschieht; und es wird geschehen. Durch das starke Abweichen der sogenannten Erdachse, der Rotation, heben sich die Meere; Erdbeben, Vulkanausbrüche und dergleichen lösen sich gegenseitig ab...“

Wo stehen wir heute?
Machen Sie sich selbst ein Bild:

Mehr Vulkanausbrüche durch Klimawandel?
Es mehren sich Hinweise darauf, dass eine
weltweite Erwärmung zu verstärktem Vulkanis-
mus führt. In einem Beitrag für die „Philosophi-
cal Transactions of the Royal Society A" hat der
britische Vulkanologe Hugh Tuffen von der Universität Lancaster jetzt den aktuellen Wissensstand
zu dieser Annahme zusammengefasst. Diskutiert
wird sie bereits seit längerem. So hatte 2002 eine
Studie gezeigt, dass die vulkanische Aktivität
auf Island nach dem Ende der letzten Eiszeit vor
ungefähr 12 000 Jahren 30- bis 50-mal höher war
als zuvor. Der Grund dafür ist der Rückgang des
Eises. Mit einer Dicke von mehreren hundert
Metern, teilweise sogar Kilometern, übt es
einen beträchtlichen Druck auf darunter liegen-
de Vulkane aus. Fehlt das Eis, sinkt der Druck,
was die Bildung von Magma im Erdmantel
beschleunigt. (Der Tagesspiegel, 21.4.2010)

Verlangsamte Erdrotation – Forscher sagen für 2018 große Zahl verheerender Erdbeben voraus

Forscher rechnen für 2018 mit einem verheerenden Erdbebenjahr. Sie warnen, dass die Zahl schwerer Erdstöße stark zunehmen könnte. Grund sei die Verlangsamung der Erdrotation. Diese könnte, so warnen sie, zu stärkerer seismischer Aktivität führen. Für viele Menschen ist sicher überraschend, wie sensibel die Rotation der Erde ist. Ihre Rotation schwankt und wird tatsächlich beeinflusst von vielen Vorgängen direkt auf der Erde. (Welt online, 23.11.2017)

Einige Meldungen aus dem Jahr 2018 – nur eine kleine Auswahl:

Nach Vulkanausbruch:
Schweres Erdbeben erschüttert Hawaii

Die Inselgruppe des US-Bundesstaats Hawaii wurde von einer Serie schwerer Erdbeben erschüttert. Die US-Erdbebenwarte meldete Beben der Stärke 5,4 und 6,9 im Abstand von nur einer Stunde, gefolgt von Dutzenden schwächerer Nachbeben.

Durch das Beben tat sich eine neue Erdspalte auf, aus der Lava und Rauch quoll. Die Katastrophenschutzbehörde wies 1.700 Anwohner an, die Gefahrenzone umgehend zu verlassen. Sie warnte vor einem „extrem hohen Gehalt an gefährlichen Schwefelgasen" und vor weiteren „aktiven vulkanischen Fontänen". (ZEIT ONLINE, 5.5.2018)

**Vulkan Kilauea gibt keine Ruhe –
Lava-Strom reißt nicht ab**
Auch elf Wochen nach seinem Ausbruch im Mai 2018 gibt der Vulkan Kilauea auf der hawaiianischen Insel Big Island keine Ruhe. Bisher haben die Lavaströme nach Angaben der Behörden mehr als 700 Häuser zerstört. (Stern.de, 18.7.2018)

**USA: Schweres Erdbeben
erschüttert den Norden Alaskas**
Ein Erdbeben hat am 12.8.2018 den nur dünn besiedelten Norden des US-Bundesstaates Alaska erschüttert. Das Zentrum des Bebens der Stärke 6,4 lag nach Angaben der amerikanischen Erdbebenwarte USGS etwa 60 Kilometer südwestlich der Siedlung Kaktovik auf der Insel Bartes, am Rande der Beaufortsee.

Nach Angaben der Behörde habe es sich bei dem Beben am Sonntag um das stärkste seit Beginn der Aufzeichnungen in der Region gehandelt.
(aus: Spiegel Online, 13.8.2018)

**Erdbeben in Indonesien –
Zahl der Toten auf 400 gestiegen**
Nach dem schweren Erdbeben auf der indonesischen Insel Lombok geht die indonesische Katastrophenschutzbehörde von mindestens 436 Toten aus. Demnach wurden 1.350 verletzt. Mehr als 350.000 Betroffene sind obdachlos. Der Sachschaden wird auf umgerechnet mehr als 300 Millionen Euro geschätzt. Ein Erdbeben der Stärke 6,9 hatte die Ferieninsel erschüttert. Seitdem gab es immer wieder Nachbeben, die die Suche nach weiteren Opfern erschwerten. (ZEIT ONLINE, 13.8.2018)

Erdbeben erschüttert Landkreis Nienburg
Eines der stärksten Erdbeben der letzten Jahre hat Teile von Niedersachsen erschüttert. Wie das seismologische Observatorium des BVEG registrierte, lag das Epizentrum des Bebens bei Uchte

im Landkreis Nienburg, 22 Kilometer nördlich von Minden. Demnach erreichte das Erdbeben Lokalmagnitude 3.3. Das Erdbeben hängt mit der Erdgasförderung rund um Uchte zusammen.
(erdbebennews, 16.8.2018)

Auflistung einiger Tsunamis:

21. Mai 2003: Tsunami auf Mallora und Ibiza
Ein Erdbeben vor Algerien tötete mehr als 2000 Menschen und löste einen kleinen Tsunami aus, der auf Mallorca und Ibiza zu lokalen Überschwemmungen führte.

26. Dezember 2004: Tsunamikatastrophe in Asien
Durch ein Erdbeben im Indischen Ozean vor der Insel Sumatra, das eine Magnitude um 9,3 hatte – das drittstärkste je gemessene Beben –, ereignete sich eine der bisher schlimmsten Tsunamikatastrophen der Geschichte. Mindestens 231.000 Menschen in acht asiatischen Ländern wurden getötet. Die Wellenenergie breitete sich mehrere Tausend Kilometer bis nach Ost- und Südostafrika aus und forderte als Flutwelle dort weitere Opfer.

17. Juli 2006: Erdbeben vor Java

Ein Seebeben vor der indonesischen Insel Java löste einen Tsunami aus, durch den über 700 Menschen ums Leben kamen.

2. April 2007: Tsunami im Südpazifik

Ein Seebeben bei den Salomonen der Stärke 8,0 löste im Südpazifik einen Tsunami aus, der die Salomonen-Inseln verwüstete, die Flutwelle war bis zu zwölf Meter hoch. Das Epizentrum lag nur 40 Kilometer südöstlich von Gizo, es wurden mindestens zwölf bis zwanzig Menschen getötet.

30. September 2009: Tsunami auf den Samoainseln

Ein Erdbeben vor der Küste der Samoainseln mit der Stärke 8,0 löste einen Tsunami aus, der Teile der Inseln verwüstete. Dabei kamen auf Samoa, Amerikanisch-Samoa und Tonga insgesamt 189 Menschen ums Leben.

26. Oktober 2010: Sumatra-Erdbeben

Ein Erdbeben der Stärke 7,2 bis 7,5 löste auf den Mentawai-Inseln vor Sumatra einen Tsunami mit gut drei Meter hoher Flutwelle aus, die bis zu 600 Meter landeinwärts drang.

11. März 2011: Tsunami von Tohoku

In Folge eines Erdbebens der Stärke 9,0 traf ein Tsunami mit einer Höhe bis zu 23 Metern die ostjapanische Küste vor Tohoku. Die Flutwellen breiteten sich über den gesamten Pazifikraum aus, trafen die Küsten anderer Länder aber weniger stark als zunächst befürchtet. Noch Wochen später waren diverse Nachbeben und neue starke Erdbeben zu spüren. Die japanische Polizei ging im Januar 2012 von 15.844 Toten und noch 3.450 Vermissten aus.

Durch diesen Tsunami wurde auch die Nuklearkatastrophe von Fukushima ausgelöst.

Ebenso lösten sich in der ca. 13.000 km entfernten Antarktis größere Eisberge vom Schelfeis; dies konnte mittels Envisat-Satelliten beobachtet werden.

12. Juni 2017: Seebeben zerstört Dorf auf Lesbos

Ein großes Dorf im Süden der Insel Lesbos wurde durch einen Mini-Tsunami fast vollständig zerstört. Die Behörden versuchen die Einwohner notdürftig unterzubringen.

18. Juni 2017: Tsunami in Grönland

Nach einem Erdbeben der Stärke 4,8 löste ein Bergrutsch 28 km nördlich des grönländischen Ortes Nuugaatsiaq einen Tsunami aus, durch den vier Personen getötet, neun verletzt und elf Häuser zerstört wurden.

Meere

1984 sprach der Christus Gottes zu den Menschen:

„Blickt auf die Erde! Was geschieht mit diesem leuchtenden Planeten? Das Herz der Erde, die Meere, sind verunreinigt durch atomare Kraft, durch weitere Verunreinigungen. Flüsse und Seen sind verschmutzt. Der Atommüll wird in die Erde und in die Meere gebracht. Was geschieht? Die Meere heizen sich mehr und mehr auf, die unterirdischen Wasserquellen sind verunreinigt; erhöht Quecksilber und Blei strahlt aus der Erde, und die Meere kochen. Die Polkappen schmelzen; der Kreislauf der Erde ist verunreinigt, wird ebenfalls erhitzt. Dadurch erhöht sich die Vulkantätigkeit, Polsprünge zeigen sich an, wodurch sich die Meere aus den Betten heben und andere Becken suchen..."

Und 1986 erklärte der Cherub der göttlichen Weisheit durch Gabriele:

„Die atomare Kraft verunreinigt nicht nur die Meere, die Flüsse, Seen, die Erde. Die atomare

Kraft heizt die Meere auf – die sogenannten Pol-
kappen beginnen zu schmelzen. Zu eurem bes-
seren Verständnis: Die Meere sind der Herd –
die Herdplatte ist die Erde. Die Meere werden
an- und aufgeheizt, die Herdplatte beginnt zu
glühen."

Wo stehen wir heute?
Machen Sie sich selbst ein Bild:

Strahlende Meere – strahlende Fische
Weltweit versenkten seit den 1940er Jahren die
Atomnationen über 140.000 Fässer mit radioaktivem – darunter sogar hochradioaktivem – Müll
im Meer. Was im Meer abgeladen wurde, sollte für
immer verborgen und vergessen sein. Der Umwelt
schade das nicht, im Wasser werde alles extrem
verdünnt, so die Vorstellung. Erst 1993 wurde
diese Art der Müllentsorgung von radioaktivem
Abfall verboten. Doch das Meer vergisst nichts.
Nach und nach verrotten die Fässer unkontrolliert
und werden so zu tickenden Zeitbomben.
Nicht nur zur Entsorgung von radioaktivem Müll
muss das Meer herhalten, es wird auch noch

immer radioaktives Wasser, beispielsweise von Wiederaufbereitungsanlagen, ins Meer geleitet. Von der Wiederaufarbeitungsanlage in Sellafield in England pumpte man 20 Jahre lang Cäsium ins Meer – insgesamt etwa so viel, wie im März 2011 in Fukushima in den Pazifik gelangte. Erst in den 1980er Jahren konnte ein neues Filtersystem den jährlichen Ausstoß stark reduzieren. Auch die Wiederaufarbeitungsanlage von La Hague in Frankreich ist verantwortlich für Radionuklide im Meer. Am Auslass beider Anlagen haben Forscher eine deutlich erhöhte radioaktive Belastung gemessen. (ZDF, Leschs Kosmos, 6. 3.2014)

„Stille Wasser sind radioaktiv"
1,4 Millionen Tonnen radioaktiv verseuchtes Kühlwasser aus den havarierten Reaktoren ließ der AKW-Betreiber TEPCO nach der Reaktorkatastrophe in Fukushima in den Pazifik abfließen. Auch anschließend gab es beträchtliche Austritte kontaminierten Wassers ins Meer. Bis heute wäscht der Regen aus den umliegenden Bergen und Wäldern immer wieder radioaktive Partikel in die Flüsse und schließlich in den Pazifik. Diese Ver-

seuchung des Ozeans wird noch Hunderte Jahre andauern. (greenpeace, 25.2.2016)

Fukushima und das Meer

Als im März 2011 gleich drei Reaktoren des AKW Fukushima Daiichi I explodierten, war es einzig der Wind, der noch schlimmeres Unheil verhinderte. Er wehte den größten Teil der Strahlung aufs offene Meer hinaus. Wie viel Radioaktivität bei dem dreifachen Super-GAU auf einen Schlag ins Meer gelangte, ist unbekannt. „Fukushima hat als Einzelereignis weltweit die bisher größte radioaktive Belastung des Meeres verursacht", sagt Heinz Smital, Kernphysiker und Greenpeace-Experte für Atomkraft. (Greenpeace, Artikel von Sigrid Toelz, 21.7.2016,)

Rekordtemperaturen in Nord- und Ostsee

Hitzewelle fördert schädliche Algenblüten, Bakterienvermehrung und „Todeszonen". Die Temperaturen von Nord- und Ostsee haben im Juli 2018 Spitzenwerte erreicht. Wie aktuelle Daten zeigen, stellte die Ostsee mit einer mittleren Oberflächentemperatur von 20 Grad Celsius sogar einen neuen Rekord auf. Was Touristen an unseren Küsten eine Mittelmeeratmosphäre beschert, kann allerdings problematisch werden. Denn die Hitze kurbelt die Verbreitung gesundheitsschädlicher Mikroorganismen an und fördert die Entstehung sogenannter Todeszonen, in denen kein Leben mehr zu finden ist. (Bundesamt für Seeschifffahrt und Hydrographie, aus: Scinexx, 6.8.2018)

Schmelzende Polkappen –
Dünnes Eis in Arktis und Antarktis

Nord- und Südpol leiden besonders unter dem Klimawandel: Das einst ewige Eis schmilzt, Gletscher schrumpfen. Nicht nur vom Nordpol gibt es erschreckende Zahlen, sondern auch vom Südpol. So ging in der Antarktis in den vergangenen fünf Jahren im Mittel dreimal so viel Eis verloren wie durchschnittlich in den Jahren 1992 bis 2012: Waren es anfangs 76 Milliarden Tonnen jährlich, sind es in der Folge 219 Milliarden Tonnen jährlich. Das berichtet ein internationales Forscher-Team um Andrew Shepherd von der University of Leeds im Fachmagazin Nature. (BR, 9.8.2018)

Algen als Quecksilber-Speicher

Marine Sedimente in der Antarktis sind erheblich mit Quecksilber belastet. Wie Forscher herausgefunden haben, wird das giftige Schwermetall in großen Mengen von winzigen Algen aufgenommen – und gelangt mit den sterblichen Überresten dieser Organismen schließlich in den Ozeanboden. Hochgerechnet auf die gesamte Phase des Industriezeitalters bedeutet das: Zwischen 6,5 und 20 Prozent aller anthropogenen Schwermetall-Emissionen seit dem Beginn der Industrialisierung sind womöglich von solchen Organismen aufgenommen und gespeichert worden. Quecksilber ist hochgiftig: Das Schwermetall blockiert Enzyme, stört das Nervensystem und kann durch eine schleichende Anreicherung im Körper zu schweren Gesundheitsschäden führen. Umso besorgniserregender ist, dass sich der giftige Stoff in immer größeren Mengen in der Umwelt nachweisen lässt. (Technische Universität Braunschweig, aus: Scinexx, 30.7.2018)

Das kann kein Meer mehr schlucken:
Unsere Ozeane versinken im Plastikmüll.
Etwa 70 Prozent der Erdoberfläche sind von Wasser bedeckt. Doch heute schwimmen in jedem Quadratkilometer der Meere Hunderttausende Teile Plastikmüll. Seevögel verenden qualvoll an Handyteilen in ihrem Magen, Schildkröten halten Plastiktüten für Quallen und Fische verwechseln winzige Plastikteilchen mit Plankton. Strände unbewohnter Inseln versinken geradezu im Müll. Und auch direkt vor unserer Haustür, in der Nordsee beispielsweise, sind Plastikabfälle eine allgegenwärtige Gefahr für Fische, Vögel und Meeressäuger. Der Müll in unseren Ozeanen besteht aus Plastiktüten, PET-Flaschen, Feuerzeugen, Zahnbürsten, Zigarettenkippen, Einmalrasierern und ähnlichem mehr. Leider werden die bunten Plastikteile viel zu oft mit Nahrung verwechselt. Forscher fanden heraus, dass Plastikteile einen Geruch absondern, der von Vögeln als Geruch von Nahrung wahrgenommen wird. So findet man immer häufiger Kadaver von Seevögeln mit Kunststoffteilen im Magen. Die Tiere ersticken, erleiden tödliche Verstopfungen oder verhungern bei vollem Bauch. Der Mageninhalt

von toten Eissturmvögeln ist inzwischen ein anerkannter Nachweis für die Verschmutzung unserer Meere. Denn Eissturmvögel sind Hochseevögel – was sie fressen, stammt aus dem Meer. Bei einer Untersuchung fanden Wissenschaftler bei 93 Prozent der Eissturmvögel Plastikteile im Magen. Im Durchschnitt waren es 27 Partikel pro Vogel. Es wird geschätzt, dass bis 2050 fast jeder Meeresvogel Plastikteile im Magen haben wird, wenn die Entwicklung so weitergeht. (WWF, 2018)

**Ein Plastikstrudel,
viermal so groß wie Deutschland**
Nach mehreren Forschungsfahrten und -flügen kommt ein internationales Forscherteam zu dem Schluss, dass knapp 80.000 Tonnen Plastik in einem Gebiet von 1,6 Millionen Quadratkilometern treiben. Das entspricht der mehr als vierfachen Fläche von Deutschland.
Das Team um den Meeresforscher Laurent Lebreton, dem auch Mitarbeiter der Technischen Universität München und der Universität Oldenburg angehörten, sichtete das Areal nun besonders gründlich: Von Juli bis September 2015 fischten

sie von 18 Schiffen aus mit Netzen Müll aus dem Meer, den sie dann analysierten. Zusätzlich sichteten sie größere Gebiete auf zwei Flügen mit Luftbildaufnahmen. Die Daten speisten sie in Modelle von Meeresströmungen ein. Ihre Resultate ergaben, dass die Fläche der Plastiksuppe etwa 1,6 Millionen Quadratkilometer groß ist und nordöstlich von Hawaii liegt. „Plastik war mit Abstand der dominanteste Typ von Meeresmüll und stellte mehr als 99,9 Prozent der 1.136.145 Teile und 668 Kilo treibender Teile, die wir mit unseren Netzen sammelten", schreiben die Autoren. Insgesamt gehe man derzeit von weltweit fünf solchen Akkumulationszonen aus, eine sechste werde in der Barentssee nördlich von Norwegen und Russland vermutet. (Welt Online, 23.3.2018)

Artensterben:
Meere könnten bis 2048 leergefischt sein
Die erste globale Studie über die Folgen des Artensterbens in den Meeren bestätigt schlimmste Befürchtungen: Sollte die Menschheit weiterhin ungebremst Raubbau betreiben, könnten sämtliche Bestände von Speisefischen und Meeres-

früchten bis zum Jahr 2048 zusammenbrechen. Gleich, ob sie kleine Gezeitenbecken am Meeresufer oder Studien über einen gesamten Ozean untersuchten – „überall zeigt sich das gleiche Bild", sagte Studienleiter Boris Worm. „Mit den Arten geht die Produktivität und die Stabilität ganzer Ökosysteme verloren. Ich war schockiert und verstört darüber, wie eindeutig diese Trends sind. Das ist schlimmer als alles, was wir erwartet hatten." Der Verlust der Artenvielfalt schwäche auch die Fähigkeit der Ozeane, Seuchen zu widerstehen, Schadstoffe abzubauen und sich von Belastungen wie der Überfischung und dem Klimawandel zu erholen. Für die Menschheit steht somit einiges auf dem Spiel. (Spiegel Online, 2.11.2016)

Korallensterben im Great Barrier Reef – schlimmer als bisher bekannt

Um das Great Barrier Reef in Australien steht es noch schlechter als bisher befürchtet. Zu diesem Schluss kommen Wissenschaftler des australischen Instituts für Korallenforschung. Forscher der James-Cook-Universität im Bundesstaat Queensland sprechen von einem „katastrophalen Absterben", das einer durch Klimaerwärmung ausgelösten Hitzewelle im Jahr 2016 gefolgt sei. Durch das Absterben sei die „ökologische Funktion" von fast einem Drittel der 3.863 Riffe, aus denen sich das Barrier Reef zusammensetzt, „transformiert worden". Die Forscher seien „überrascht" gewesen vom Ergebnis ihrer Studie, so der vorsitzende Wissenschaftler Terry Hughes. „30 Prozent der Korallen sind 2016 abgestorben und weitere 20 Prozent im Jahr 2017." Falls das Ziel der Temperaturbegrenzung nicht erreicht werde, „wird der Klimawandel die Korallenriffe bis Mitte des Jahrhunderts abgetötet haben". (Taz, 19.4.2018)

**Versauerung der Ozeane gefährdet
die Meeresökosysteme weltweit**
Die Ozeane nehmen bis zu 30 Prozent des jährlichen vom Menschen verursachten CO_2-Ausstoßes auf und helfen so, den Anstieg der Treibhausgase zu mindern. Dieser Nutzen hat jedoch einen hohen ökologischen Preis: Das aufgenommene CO_2 verändert die Karbonat-Chemie der Gewässer. Die Folge ist ein erhöhter Säuregehalt

des Meerwassers. Diese veränderten Verhältnisse können die Schalen und Skelette vieler Meeresarten erheblich schwächen.

Diese Effekte bedrohen die Widerstandsfähigkeit der Meeresökosysteme, insbesondere der Korallen, und sie könnten die Ernährung vieler Meerestiere gefährden. Laut Studien ist der Säuregehalt der Meere seit Beginn der industriellen Revolution um durchschnittlich 26 Prozent gestiegen, Schätzungen zufolge könnten die Ozeane mit steigender CO_2-Konzentration in der Atmosphäre bis zum Jahr 2100 fast 150 Prozent saurer werden (Abnahme des pH-Wertes um bis zu 0,4). Das Tempo der Ozeanversauerung ist so rasant wie seit der letzten Eiszeit nicht mehr. Es könnte Zehntausende Jahre dauern, bis der pH-Wert der Ozeane wieder den vor der Industrialisierung herrschenden Stand erreicht. Fehlt die Zeit, um die Folgen der Ozeanversauerung abzufedern, erhöhen Intensität und Schnelligkeit der Veränderung die Risiken für die Gesundheit der Ozeane. (Uno-Bericht 2017)

Artensterben

Der Christus Gottes offenbart in *„Das ist Mein Wort. Alpha und Omega. Das Evangelium Jesu. Die Christus-Offenbarung, welche inzwischen die wahren Christen in aller Welt kennen"* (S. 215-217):

„Gerade in dieser Zeitenwende, der Wende von der alten, sündhaften Zeit zur Lichtzeit, rufen Tier- und Pflanzenarten mit ihren Empfindungskräften, mit der Sprache ihres Bewusstseins, zu ihrem Schöpfer um Hilfe und Rettung. Unvorstellbar leiden die Tiere und Pflanzen unter den Auswüchsen des menschlichen Ichs, der menschlichen Eigensucht. Das geknechtete Leben ruft um Erbarmen und Erlösung.
Gott, Mein Vater, der Schöpfer aller Lebensformen, hat die geknechtete Kreatur erhört. Viele Tierarten sterben wegen der gegensätzlichen Handlungsweise der Menschen aus. Ihre geistigen Kräfte gehen entweder zurück in die Erdseele oder in die reinen Bereiche des ewigen Seins. Das ist für viele Erlösung. Viele von ihnen kommen jedoch dann wieder, wenn das

Licht auf der Erde wohnt, weil Menschen in der Einheit mit Gott leben.

Wisset: Jede ungesühnte Missetat und jede Misshandlung – sei es an Menschen, Tieren, Pflanzen, sogar an Steinen, an der ganzen Erde also und an der Atmosphäre – fällt auf den Urheber zurück. Erkennet: Viele Tiere sind den Menschen gegeben, auf dass sie ihnen dienen. Viele sind gegeben, um das ökologische Gleichmaß zu wahren. Doch rechtes, ja gegenseitiges Dienen, kann nur dann sein, wenn der Mensch die Kindschaftsliebe aus dem Vater-Mutter-Gott und die Schöpferliebe, die im Tier, in den Pflanzen und in den Steinen wirksam ist, entfaltet hat. Dann kann er auch mit allem Sein kommunizieren.

Wo reine Kommunikation ist, dort fließt auch ewige, kosmische Energie. Wo jedoch die Kräfte der Liebe gebunden sind, dort ist Hartherzigkeit, Eigensucht und Sklaverei. Dort gibt es weder Verständnis noch Toleranz, dort ist nur Nehmen und kein Fließen aus Geben und Empfangen. Es ist Gesetz: Was der Mensch dem Geringsten Meiner Brüder antut, seinem Mitmenschen, das hat er Mir, dem Christus, angetan – und letzten Endes auch sich selbst; denn was der Mensch sät, das wird er ernten. Die Ernte entspricht jeweils der Saat. Wenn der Mensch gegen das ewige Gesetz der selbstlosen Liebe verstößt, wendet er sich ab von den ewigen Energien, die er zu einem gesunden Leben benötigt, zum Wohlergehen seiner Seele und auch seines Leibes. Wer sich also der Welt und ihren Schatten zuwendet, der wendet sich von Mir, dem Lichte, ab. Und wer sich von Mir abwendet, der tritt in die Schatten des menschlichen Ichs ein. Wer im Schatten steht, der leidet und verkümmert und wird zum Sklaven seines Ichs und macht wiederum seine Nächsten zu Sklaven.

Erkennet: Nur der lässt sich zum Sklaven des Herrenmenschen machen, der selbst im Schatten steht und dadurch schon versklavt ist. Er verkauft sich sodann dem Herrenmenschen um ein paar Silberlinge und verrät somit seinen wahren Herrn. Das geschieht gegenüber Menschen, Tieren, Pflanzen, der Erde und der Atmosphäre."

Vergegenwärtigen wir uns noch einmal die Worte des Christus Gottes, die wir in dem göttlichen Offenbarungswerk *Das ist Mein Wort* (S. 601) lesen können:

„Erkennet: Jedes Tier empfindet und spürt, was der Mensch mit ihm vorhat. In der Zeitenwende, in der Ich den Inhalt jenes Buches erkläre, berichtige und vertiefe [1989], hat die Brutalität gegenüber der Tier- und Pflanzenwelt ein unvorstellbares Ausmaß erreicht. Die Tiere und die Pflanzen leiden unter der Willkür der Menschen. Viele Menschen haben nicht nur vor ihrem eigenen Leben keine Achtung mehr, sondern auch nicht vor der gesamten Schöpfung ... Als Folge des menschlichen Verhaltens sind z.B. die Magnetströme gestört. Vielen Tieren fehlt es aufgrund dessen an der Orientierung, insbesondere den Zugvögeln, die in wärmere Länder fliegen.
Durch die Verunreinigung der Flüsse, Seen und Meere sowie auch der Erdatmosphäre sterben viele Tier- und Pflanzenarten aus – im Wasser, in der Luft und auf der Erde ..."

Der Christus Gottes offenbarte im Jahre 1993:

„O ihr Menschen, ist euch bewusst, dass ihr ohne die Natur, ohne Tiere, Pflanzen und Mineralien nicht leben könnt? Viele haben dies noch nicht begriffen und sind über die Mitte hinweggegangen, haben das Erdreich geschändet und schänden es weiterhin. So schänden sie auch ihren physischen Körper.

Wahrlich, wahrlich, Ich sage euch: Die Natur ist das Barometer für euer Leben oder für euer Sterben. Stirbt die Natur, dann stirbt das Menschengeschlecht. Erblüht die Natur, ist sie gesund, dann ist auch der Mensch gesund, und das Menschengeschlecht tut sich auf für das Licht. Viele Menschen öffnen sich für die Finsternis und schänden die Erde, schänden Tiere, Pflanzen und Mineralien ..."

1998 offenbarte der Cherub der göttlichen Weisheit:

„Nun denkt mit. Zuerst sterben die Naturreiche, einschließlich der Tiere, denn sie waren angeblich zuerst da, vor den Menschen. Unzählige Pflanzen- und Tierarten sterben aus. Die Menschheit kann ohne die Natur nicht

leben. Also kommt das Sterben mit der Natur, ihr würdet sagen: anschließend. Zuerst die Natur, die Tiere, dann die Menschen.

Ich sage euch: Diese Erde wird immer mehr versteppen. Die Wasser suchen sich neue Ströme und neue Becken. Die Vulkantätigkeit muss noch mehr zunehmen, denn das Innerste der Erde ist fruchtbar. Die Lava deckt zu, was an Unrat vorhanden ist, was der Mensch geschaffen hat, um die Erde zu quälen, sie zu malträtieren, vielleicht sogar töten zu wollen – doch das ist unmöglich.

Und so mancher der ‚Großen' greift nach den Sternen und denkt, es müsse irgendwo im Kosmos Leben sein, um dort weiterleben zu können. Überall ist Leben – aber nicht für diesen Menschen.

O sehet: So wird auch dieses Menschengeschlecht aussterben. Doch ihr könnt immer wiederkommen..."

Wo stehen wir jetzt?
Machen Sie sich selbst ein Bild:

Die Tierbestände in Seen und Flüssen weltweit sind bereits bis zum Jahr 2016 um 81 Prozent und die von 14.000 Wirbeltierarten um 60 Prozent zurückgegangen
Ursachen sind der Klimawandel und die Zerstörung der Lebensräume durch den Menschen. Die Menschheit verbraucht derzeit pro Jahr die Ressourcen von 1,6 Erden. Seit 1970 ist der weltweite Bestand von Wirbeltieren um 58 Prozent zurückgegangen. Die über 14.000 untersuchten Tierpopulationen haben sich also mehr als halbiert. Betroffen sind alle Wirbeltiere. Dabei sind sich die Wissenschaftler einig: Der Mensch selbst ist daran schuld, wenn in 40 Jahren jedes zweite Wildtier ausgerottet ist. (Spiegel Online, 27.10.2016 über den „Living Planet Report" des WWF)

2018: Jeden Tag sterben Tierarten aus
Der Tod des letzten männlichen Nördlichen Breitmaulnashorns „Sudan" hat die Welt bewegt. Doch seine Geschichte ist kein Einzelfall, jeden Tag

sterben Arten aus. Die Rote Liste der bedrohten Arten ist lang. Zu den Tieren, deren Bestand stark bedroht ist, gehören so elegante und imposante Wesen wie der Amurleopard mit weniger als 100 Exemplaren in freier Wildbahn, das über eine Tonne schwere Spitzmaulnashorn, das in Afrika wegen seiner Hörner gejagt wird. Der Borneo-Orang-Utan verliert allmählich seinen Lebensraum, weil der Urwald für den Anbau von Ölpalmen gerodet wird; der menschengroße Berggorilla ebenso, der nur noch in zwei kleinen Gebieten in den Gebirgswäldern in Afrika vorkommt. Die Liste ist noch viel länger. So wurde 2017 beispielsweise die Weihnachtsinsel-Zwergfledermaus endgültig für ausgestorben deklariert.
(FOCUS Online, 22.3.2018)

Die Hälfte der Pflanzen- und Tierarten ist in Gefahr, warnt eine Studie zum Klimawandel
Die Erderwärmung wird Forschern zufolge zur ernsthaften Gefahr für die Artenvielfalt in besonders schützenswerten Erdregionen: In besonders artenreichen Gebieten wie dem Amazonas oder Madagaskar seien bis zum Jahr 2080 25 bis 50

Prozent der Tier- und Pflanzenarten vom Aussterben bedroht, heißt es in einer Untersuchung, die in der Zeitschrift „Climatic Change" veröffentlicht wurde. Die Studie „Wildlife in a Warming World" stammt von der East Anglia Universität in Großbritannien und der James-Cook-Universität in Australien. Die Wissenschaftler untersuchten die klimatischen Bedingungen für 80.000 Arten in 33 ebenso einzigartigen wie artenreichen Gebieten wie dem Amazonas, der Wüste von Namibia, dem Himalaya, dem Baikalsee oder dem Süden Chiles. „Sollten die menschengemachten Emissionen an Treibhausgasen wie bisher fortschreiten, würde jede zweite Art bis zum Jahr 2080 aus den untersuchten Gebieten verschwinden", sagte WWF-Naturschutzexperte Christoph Heinrich. Selbst wenn das Zwei-Grad-Ziel eingehalten werde, also die oberste Grenze der Beschlüsse des Pariser Klimaabkommens, so fiele der Rückgang der Arten massiv aus: Dann würde immer noch jede vierte Spezies in den Schlüsselregionen verloren gehen, heißt es in der Studie. Auf der ganzen Welt könnten Tiere wie Afrikanische Elefanten oder Große Pandas regional verschwinden, genau wie Zehntausende Pflanzen, Insekten und kleinere

Lebewesen, die die Grundlage des Lebens auf der Erde bilden. (ZDF, 14.3.2018)

Korallen, Amphibien und Palmfarne sind zunehmend vom Aussterben bedroht

Dem Rote-Liste-Index zufolge geht der Biodiversitätsverlust erschreckend schnell voran. Der Index misst die Trends beim Aussterberisiko für verschiedene Arten. Aus den verfügbaren Daten geht hervor, dass drei Gruppen – Korallen, Amphibien und Palmfarne – aufgrund spezifischer und zunehmender Bedrohungen stark rückgängig sind. Die Korallenbleiche aufgrund des Klimawandels und lokaler Faktoren beeinträchtigt die Gesundheit der Korallenriffe weltweit. Riffe tragen weltweit die größte meeresbiologische Vielfalt, doch laufen sie Gefahr, bis 2050 ganz zu verschwinden. Auch für Amphibien ist das Aussterberisiko hoch; 41 Prozent sind bereits bedroht. Viele Amphibienarten leben an nur einem Ort und sind durch den Verlust ihres Lebensraums und die Ausbreitung von Krankheiten stark gefährdet. Viele Palmfarne, eine alte Gruppe zapfenbildender Pflanzen, sind durch nicht nachhaltige Ausbeutung und die

Zerstörung ihres Lebensraums ebenfalls bedroht.
(Aus dem Bericht der UNO: Ziele für nachhaltige Entwicklung, 2017)

Die Zahl der Insekten in Deutschland ist seit 1989 sogar in Schutzgebieten um 76 Prozent gesunken

Die Zahl der Insekten, also Bienen, Wespen, Käfer, Motten und Fliegen, in Deutschland geht nicht nur bezogen auf wenige Arten oder Regionen zurück, sondern insgesamt und in großen Gebieten. Das geht aus einer Studie hervor, die am 18. Oktober 2017 in der renommierten Fachzeitschrift Plos One erschienen ist. Wenn es den Insekten schlecht geht, geht es der Natur allgemein schlecht. Laut Studie bestäuben sie 80 Prozent der Wildpflanzen. 60 Prozent der Vögel benötigten sie als Futter. Zudem verwerten sie Nährstoffe aus Pflanzenresten und Tierkadavern.

Doch von 1989 bis 2016 hat die Gesamtmasse der Fluginsekten in 63 Naturschutzgebieten um 76 Prozent abgenommen, wie es in der Studie heißt. In der Mitte des Sommers, wenn am meisten Insekten herumfliegen, betrug das Minus sogar

82 Prozent. Der Rückgang sei besonders alarmierend, weil nur geschützte Gebiete untersucht worden seien. Außerhalb ist der Insektenschwund also wohl noch größer. Vermutlich spielen die intensivierte Landwirtschaft samt dem Einsatz von Pestiziden und Düngemitteln sowie die ganzjährige Bewirtschaftung eine Rolle, erklären die Forscher. 94 Prozent der Untersuchungsstandorte waren von landwirtschaftlich genutzten Flächen umgeben. (taz, 18. 10. 2017)

Die Bienen sterben aus

Das Aussterben von Insekten betrifft vor allem die mehr als 20.000 Arten von Wildbienen. Rund 570 Arten davon gab es einst in Deutschland, 39 davon sind in den vergangenen Jahrzehnten bereits ausgestorben. Das weltweite Bienensterben hat dramatische Folgen für Mensch und Umwelt. Ein Drittel unserer Nahrung hängt von ihrer Bestäubungsleistung ab. Ob Kirschen, Äpfel, Mandeln, Tomaten, Kürbisse oder Erdbeeren: Ohne tierische Bestäuber nehmen die Erntemengen und die Qualität der Feldfrüchte drastisch ab. (ZEIT ONLINE, 20.10.2017)

Infektionskrankheiten und Seuchen

Bereits Jesus von Nazareth kündigte vor 2000 Jahren eine Zeitenwende an. Dies ist auch heute noch in den Bibeln nachzulesen, z.B. bei Lukas 21,10 – 11, wo es heißt: *„Dann sprach er zu ihnen: Ein Volk wird sich erheben gegen das andere und ein Reich gegen das andere, und es werden geschehen große Erdbeben und hier und dort Hungersnöte und Seuchen; auch werden Schrecknisse und vom Himmel her große Zeichen geschehen."*

An diese Aussagen knüpfte Christus im Jahre 1988 an, als Er durch Gabriele Folgendes sprach:

„Als Jesus von Nazareth kündigte Ich die große Zeitenwende, die Katastrophen und vieles mehr an: Ein Volk wird wider das andere sein; Pestilenzen, Hungersnöte, Krankheiten und Seuchen werden kommen; doch das Blatt hat sich noch nicht vollkommen gewendet. Kriege und vieles mehr, Erdkatastrophen und dergleichen, werden das Blatt wenden, und dann leuchtet das Innere Reich, das Reich des Friedens, auf dieser Erde."

Der Christus Gottes wiederholte solche Warnungen des Öfteren. Im Jahre 1991 offenbarte Er:

„Was Ich als Jesus von Nazareth angedeutet habe, das bricht jetzt über die Menschheit herein – Kriege, Naturkatastrophen, Bürger-kriege, Hunger, Not, Leid, Elend, Krankheiten und vieles mehr. Ja, die verunreinigte Erde bäumt sich auf und verschlingt gar viele."

Und 1992 wies Christus auf Folgendes hin:

„Blicket in eure Welt und erkennet: Die Schicksalsschläge, die Krankheiten, die Nöte, die Seuchen, die Katastrophen nehmen mehr und mehr zu. Das bedeutet also, dass sich die Erde schüttelt. Sie liegt im Fieber und gibt alles ab, was nicht zum Innersten der Erde gehört, nicht zum reinen Sein."

Wo stehen wir heute?
Machen Sie sich selbst ein Bild:

**Die Seuchengefahr ist aktuell
so groß wie nie zuvor**
Das Team um die Bakteriologin Máire Connolly von der National University of Ireland sieht

Europa und die ganze Welt gefährdet. Den Menschen bedrohen unter anderem natürliche Erreger wie die Virusgrippe, Ebola oder Zika. Beispielsweise breitete sich die Vogelgrippe H7N9 aus. Ihre Erreger können mutieren und für den Menschen gefährlich werden. Hinzu kommen menschengemachte Bedrohungen: multiresistente Keime, unfreiwillig freigesetzte Laborerreger oder Biowaffen. Auf die nächste große Seuche sei Europa allerdings schlecht vorbereitet. Davor warnen die Experten der PANDEM-Studie (Pandemic Risk and Emergency Management). Vor allem die resistenten Keime könnten uns in Vor-Antibiotika-Zeiten zurückwerfen." (Focus Online 31.3.2017)

Die neuen Seuchen
Übertragbare Krankheiten sind längst noch nicht besiegt. Im Gegenteil: Sie könnten in Zukunft wieder zunehmen. (...) In Zukunft könnte die Gefahr durch Infektionskrankheiten sogar noch zunehmen. Eine der großen Sorgen von Seuchenschützern ist, dass durch den Klimawandel Überträgertiere aus den Tropen in gemäßigtere Klimazonen vordringen. Bereits jetzt scheint sich in

Europa die Asiatische Tigermücke auszubreiten. Das Insekt mit den charakteristisch gestreiften Beinen kann unter anderem das Chikungunya-Virus übertragen. Eine Infektion ruft hohes Fieber, Kopfweh, starke Gelenkschmerzen und bisweilen Bindehautentzündung hervor.
(Süddeutsche Zeitung, 20.11.2017)

Die vergessene Gefahr

Die nächste Pandemie kommt bestimmt, sie könnte Millionen Menschen töten – doch die Welt ist auf eine große Seuche kaum vorbereitet. Ein hochansteckender Erreger „könnte 30 Millionen Menschen innerhalb eines Jahres töten", sagte der Microsoft-Gründer Bill Gates. Nach Angaben von Experten könne es mit einiger Wahrscheinlichkeit in den nächsten zehn bis fünfzehn Jahren zu einem solchen Ausbruch kommen. Drei Dinge könnten die gesamte Zivilisation zurückwerfen, sagte Gates: „Ein Atomkrieg, der Klimawandel und Seuchen." Die beiden ersten Risiken versuche die Welt mit großem Aufwand einzudämmen. „Aber Epidemien nehmen wir am wenigsten ernst." (Spiegel Online, 22.2.2017)

Kaum vorbereitet

Nur 65 von 193 Staaten sind einigermaßen in der Lage, Seuchen zu erkennen und zu bekämpfen. (Report der World Health Organization, 13.5.2016)

AIDS

Die Immunkrankhheit AIDS, bei der das Immunsystem durch einen Virus zerstört wird, hat sich seit den 1980-er und 1990-er Jahren weltweit ausgebreitet. Ca. 36 Millionen Menschen waren 2017 weltweit an AIDS erkrankt. (Statista 2018) Seit Beginn der Epidemie starben 35 Millionen Menschen an AIDS. (UNAIDS 2016) Der Anteil der HIV-Infizierten liegt im weltweiten Durchschnitt bei etwa 0,8 Prozent der 15- bis 49-Jährigen, erreicht in einzelnen afrikanischen Staaten jedoch Werte um 25 Prozent.

Krebs

Die Zahl der diagnostizierten Krebserkrankungen steigt weltweit an. Die WHO gibt an, dass 2012 14,1 Millionen Menschen an Krebs erkrankt sind – das sind 11 Prozent mehr als im Jahr 2008. (IARC:

Cancer Fact Scheets) Die Anzahl der Krebstoten stieg im gleichen Zeitraum um 8 Prozent auf 8,2 Millionen.

Statistisch gesehen entwickelt jeder dritte Europäer im Laufe seines Lebens Krebs. (Pressemeldung des Rates der Europäischen Union, 1014/08) Einer US-Studie zufolge sterben weltweit jeden Tag etwa 20.000 Menschen an den Folgen einer Krebserkrankung. (Ärzte Zeitung, 2007)

Forscher entdecken Superbazillus:
Immun gegen Antibiotika und absolut tödlich

Der übertriebene Einsatz von Antibiotika lässt seit längerem Superkeime entstehen, die resistent gegen die meisten Medikamente sind. Nun haben Forscher offenbar die nächste Stufe der Evolution der Bakterien entdeckt. In einer Klinik in China wütete ein dreifach gefährlicher Erreger: immun gegen Medikamente, tödlich und höchst ansteckend. „Keines unserer Medikamente in China kann ihn bekämpfen", zitierte die Webseite „NPR" den Forscher Sheng Chen. Chen und seine Kollegen von der Polytechnischen Universität Hongkong hatten ihre Untersuchung im Fachmagazin „The Lancet" veröffentlicht. Demnach stellt die neuentdeckte Form des Bakteriums Klebsiella pneumoniae eine neue Evolutionsstufe dar: Sie ist die Kreuzung aus zwei bisher getrennten Typen – der eine resistent gegen die meisten Antibiotika, der andere hochansteckend und tödlich.

„Die Untersuchung zeigt ein alarmierendes evolutionäres Ereignis", schrieben die Epidemiologen Liang Chen und Barry Kreiswirth im Magazin „The Lancet". „Wenn wir seine Ausbreitung nicht schnellstmöglich stoppen, kann es zu einer globalen Epidemie des antibiotikaresistenten und hochansteckenden Erregers kommen."

(Focus Online, 3.9.2017)

Anmerkung: Besonders in der Tiermast werden weltweit über die Maßen Antibiotika in die Umwelt gebracht. Sie bewirken die Zunahme antibiotikaresistenter Keime, die immer weniger in den Griff zu bekommen sind.

Stille Katastrophen:
Chemikalien, Verschmutzung, atomare Verschmutzung, Genmanipulation...

Das Reich Gottes offenbarte schon vor fast 40 Jahren durch Gabriele am 31. Juli 1981:

„Der Mensch düngt künstlich das Erdreich. Dadurch werden unter anderem viele Naturputzer getötet, andere wieder geschaffen, da ja auch die Düngung nichts anderes als Schwingung ist. Diese Düngung kann wieder der Nährboden für weitere Zeugungen sein, wodurch sich Tiere entwickeln, die alles, was der Mensch als gut und recht befindet, zerstören. Im Grunde erkennt ihr, dass die zerstörende Kraft nicht aus dem Kosmos kommt, auch nicht aus der Erde, sondern einzig und allein vom Menschen, der wider das Gesetz des Lebens handelt und denkt. Ihr bemüht euch, diese Tiere zu töten, indem ihr weitere Chemikalien dem Erdboden einverleibt. Erkennet: Je mehr ihr euch auf Töten ausrichtet, umso vermehrter werden diese von euch sogenannten ‚Schädlinge' angreifen. Diese Schädlinge sind nichts anderes als die Produktionen eurer

Gedanken, Worte und Werke. Der Mensch klagt und kann sich dieser Schädlinge kaum erwehren. O würde der Mensch darüber nachdenken, dass im Grunde genommen er die Ursache dieser Schädlinge ist! Seine Empfindungen und Gedanken, aber auch Worte und Handlungen bringen solche Gegensatzkräfte hervor, die nicht weichen werden – ganz im Gegenteil: Sie werden sich vermehren und die Menschheit in die Knie zwingen. Denn das Gift, das ihr ausstreut, nehmt ihr in der Nahrung und durch die Luft, durch die Atmung, wieder auf.

Es ist wahrlich ein Jammer, wenn man das Tierleben beobachtet! Die Naturputzer, die Kleinsttiere, die ihr oftmals auch unter euren Geräten nicht schauen könnt, sind vom ewigen Geist eingesetzt, um das Land zu durchlüften und es zu veredeln. Da aber der Mensch nicht die Veredelung anstrebt, leidet nicht nur das Tier, das schon eine Teilseele besitzt, sondern auch diese Naturputzer und die aus ihnen hervortretenden Schädlinge, denn auch sie besitzen das Leben.

Die Seele der Erde ist unermüdlich am Werk, das Leben zu nähren. Strahlenbündel, die dem

Menschen nicht sichtbar sind, dringen zur Erdoberfläche und erhalten das Leben. Wenn ihr nun diese sogenannten Schädlinge tötet, so ziehen sich wohl diese Bündelstrahlen zurück, aber zugleich müssen sie wieder tätig werden. Denn je mehr ihr tötet, umso mehr zeugen die Naturputzer Tiere – einerlei, wo sich auch diese Naturputzer befinden, in moorreichen Gegenden, in feuchten Wiesen, in Feldern, in Wäldern. Und wenn ihr auch nur auf eure Äcker eure Chemikalien streut – durch den gesetzmäßigen Ablauf werden diese schädlichen Substanzen der Erde entzogen; es bilden sich wieder Wolken, und ihr erlangt das, was ihr aussät, durch den Regen wieder.

Unendlich großes Leid ist im Tierreich. Denn überall, wo das Leben ist, ist eine Empfindung. Auch die Schädlinge empfinden und leiden durch eure Chemikalien. Ja, sie leiden sogar sehr! Tröstend, liebend und helfend stehen wir unsagbar großen Gruppen von sogenannten Schädlingen bei, die so lange leiden, bis die Erdseele die Kollektivstrahlung zurückzieht.

O ihr Menschen, es liegt nicht am schöpferischen Ablauf, dass diese Tiere entstehen,

sondern einzig und allein an eurer Gedanken-
welt, die produktiv wird, indem der Mensch
Massenverlagerungen vornimmt, Gegensätz-
liches aussendet und auch ausstreut. Die
Gewässer sind verunreinigt, von atomaren
Strahlen durchzogen. Die gesamte Erde besitzt
einen Kreislauf. Sie wird von Wasseradern
durchzogen. Viele davon, ja fast schon alle
Wasseradern, sind verunreinigt, keine Quelle
ist mehr absolut rein. Auch diese niederen
Strahlungstendenzen werden von den Tierrei-
chen, aber auch vom Naturreich, aufgenommen. Unsagbar leidet die Natur- und Tierwelt
unter dem menschlichen Druck, dem Lebens-
wandel, der nicht im Willen Gottes ist."

Der Christus Gottes offenbart in *Das ist Mein Wort*:
„Wehe denen, die gegen Mensch, Tier, Pflanze,
Stein und gegen alles sündigen, was ihnen Gott
zum Leben in Ihm gegeben hat! Das Gemüt
vieler Menschen ist stumpf geworden. Ihr
menschliches Ich sinnt nur auf eigene Vorteile.
Dabei benachteiligt der eigensüchtige Mensch
seine Mitmenschen und beutet auch die Natur-

reiche aus. Der Mensch dieser Zeit legte und legt Hand an den großen Erdmenschen, die Erde. Er verunreinigt die Erde, schändet das Leben auf ihr und greift durch seinen Umgang mit der Atomkraft in die Atmosphäre ein, ebenso mit Chemikalien und anderem. Er schändet also die Erde und alles, was darauf lebt, und zerstört ihren atmosphärischen Mantel, welcher ihr und allem irdischen Leben Schutz bietet."

GOTT-Vater, der Ewige All-Eine, offenbarte 1996:
„Wie wollt ihr noch zu Kindern Gottes werden? Blickt auf eure Felder. Düngemittel, Spritzmittel – Ich nehme eure Worte. Ihr quält und malträtiert eure Felder. Wenn die Erde es euch zurückgibt und ihr erkrankt, dann klagt ihr Gott an? Beklagt euch bei dem Gott der Unterwelt. Der will es so – und ihr letztlich auch, denn ihr dient ihm.

Die Erde ruft Mich, den Schöpfer, um Erbarmen, um Freiheit. Was tut ihr? Ihr klagt Mich an – doch beklagt euch bei dem, dem ihr dient und von dem ihr euch inspirieren lasst ...

Ihr manipuliert die Pflanzen, und ihr sagt, das wären die Wissenschaftler. Ich sage aber euch:

Jeder von euch trägt seinen Teil dazu, denn der Gott der Unterwelt vermag nur auf dieser Erde und dieser Welt so zu wirken, weil ihr Instrumente dieses Gottes seid ... Wisset ihr nicht, dass durch Genmanipulationen auch ihr manipuliert werdet, dass auch eure Gene sich verändern? Wisset ihr nicht, dass die Informationen der Tiere, die ihr töten lasst, die ihr verzehrt, Informationen sind, die in eure Zellverbände eingehen und euch entsprechend programmieren? Die Angst, die Verzweiflung, das Leid und der Wille Gottes der Unterwelt, der nun die Genmanipulation vornehmen lässt, will, dass ihr immer mehr aggressiv werdet, dass einer den anderen tötet ...

Wahrlich, wahrlich, Ich sage euch: Eines Tages schlägt die Stunde für jeden von euch. Wohl dem, der dieses Erdendasein genützt hat – nicht im ‚Mein'-Wohl, sondern im Gemeinwohl, was bedeutet: Wohl für alle, für alle gleich. So, wie im Himmel, also auch auf Erden ... Jedes Korn, das ihr bewusst veruntreut, ist gleichsam ein Krankheitskeim in der Zelle eures Körpers. Eine Zelle wird damit beaufschlagt. Erkennt, wie viele Nahrungsmittel ihr zerstört. Wisset ihr nicht, dass ihr damit euch selbst zerstört? Wisset ihr nicht, dass ihr euch damit in den Hunger und in das Verderben treibt?"

Und am 01.04.1992 offenbarte der Christus Gottes: "Sehet: Die Menschheit geht einer nie da gewesenen Katastrophe entgegen, denn eure intellektuellen Führer malträtieren die Erde, die Atmosphäre und nicht zuletzt die hörige Menschheit. Die letzte Sprosse auf der Leiter des scheinbaren menschlichen Erfolges ist die Manipulation des menschlichen Erbgutes, die Manipulation der sogenannten Gene. Ich warne euch, diese Manipulationen zu befürworten, einerlei, wie sie euch dargereicht werden. Ich sage euch, sie führen zum Chaos für den einzelnen Menschen.

O erkennet und erfasst in euren Herzen: Alles ist Bewusstsein. Die ganze Unendlichkeit ist Energie. Alles, jeder Baustein der Unendlichkeit, sendet und empfängt. Auch ein sogenanntes Gen besitzt Programme, ist also ein Baustein, der sendet und empfängt. Nehmt ihr fremde Gene auf, Gene, die nicht eurem Naturkörper entsprechen, dann nehmt ihr fremdes Sende-

und Empfangspotential auf. Das bedeutet, dass ihr mit der Zeit Fremdgesteuerte werdet."

Wo stehen wir heute?
Machen Sie sich selbst ein Bild:

Ozonschicht:
Forscher finden neue Schadstoffe in der Luft
Wissenschaftler hatten sie bislang nicht auf der Rechnung: Vier Chemikalien, die der schützenden Ozonschicht schaden können, haben Forscher in der Atmosphäre entdeckt. Die Verschmutzung scheint menschengemacht. Nach den Untersuchungen von Johannes Laube von der University of East Anglia in Norwich (Großbritannien) und seinen Kollegen sind in den vergangenen 50 Jahren rund 74.000 Tonnen der Substanzen in die Lufthülle der Erde gelangt. Im Fachmagazin „Nature Geoscience" berichten sie, es handele sich um drei Chlorfluorkohlenstoffe (CFKW) und einen Fluorchlorkohlenwasserstoff (FCKW). Der Anteil von zwei der Substanzen habe in den vergangenen Jahren stark zugenommen.
(Spiegel Online, 10.3.2018)

Monsun als Schadstoff-Verteiler

Das weltweit größte Wetterphänomen reinigt die Luft effizient von Schadstoffen, verteilt sie aber auch über den gesamten Globus. Während der Trockenzeit im Winter bildet sich durch die Verbrennung von fossilen Brennstoffen und von Biomasse über Südasien eine riesige Schmutzwolke: die Atmospheric Brown Cloud. Warum sie wieder verschwindet, sobald im Frühjahr die Regenzeit einsetzt, hat nun ein internationales Wissenschaftlerteam unter Federführung des Max-Planck-Instituts für Chemie herausgefunden. Demnach stärken Aufwinde, Gewitter und chemische Reaktionen die Selbstreinigungskraft der Atmosphäre, so dass Luftschadstoffe effizient aus der Luft gewaschen werden können. Die Schadstoffe jedoch, die nicht beseitigt werden, steigen getrieben durch den Monsun bis in die obere Troposphäre und verteilen sich dann weltweit. (Max-Planck-Institut für Chemie, 14.6.2018)

Luftverschmutzung –
eine unterschätzte Todesursache

Rund 4,5 Millionen Menschen starben 2015 vorzeitig an den Krankheitsfolgen von verschmutzter

Außenluft. Darunter sind 237.000 Kinder unter fünf Jahren, die an Atemwegsinfektionen starben. Das ergab eine Untersuchung, die das Mainzer Max-Planck-Institut für Chemie zusammen mit der London School of Hygiene & Tropical Medicine herausgegeben hat. Bei Kindern in armen Ländern erhöht Feinstaub die Sterblichkeit deutlich. (Max-Planck-Institut für Chemie, 30.6.2018)

Chemikalien in der Umwelt und im Körper: „Viele Stoffe sind problematischer, als wir gedacht haben"

Weichmacher, Dünger, Schwermetalle: Tausende Stoffe gelangen in die Umwelt. Ihre Wirkung im menschlichen Körper bleibt oft ungeklärt. Da ist der allgegenwärtige Plastikgrundstoff Bisphenol A, das Herbizid Glyphosat oder das jüngst in Eiern nachgewiesene Biozid Fibronil. Insgesamt, so schätzt das Umweltbundesamt (UBA), seien derzeit etwa 140.000 verschiedene Chemikalien auf dem Markt. Viele davon landen im Organismus – bis zu 300 Stoffe kann man im Körper nachweisen. Die müssen darauf geprüft werden, ob sie die Gesundheit gefährden können – sowohl einzeln als auch in möglichen Kombinationen. Eine schwierige Aufgabe. (Spiegel Online, 3.11.2017)

Hunderte von toxischen Chemikalien in neugeborenen Kindern

Jedes neugeborene Kind überall in der Welt wird schon mit Hunderten von toxischen Chemikalien in seinem Körper geboren. Seit dem zweiten Weltkrieg sind etwa 80.000 neue synthetische Chemikalien hergestellt worden und jedes Jahr kommen 1.500 neue Chemikalien hinzu, die in die Umwelt freigesetzt werden. Eine US-Studie fand im Durchschnitt 200 synthetische Chemikalien im Nabelschnur-Blut von neugeborenen Kindern. Viele dieser Chemikalien sind dafür bekannt, Geburtsdefekte und Krebs zu verursachen, sowie neurologische und andere Erkrankungen. (IPEN, Globale Netzwerk für eine Giftfreie-Zukunft, 2018)

Schwer abbaubare Chemikalien im Boden und in den Lebensmitteln

Eine besondere gefährliche Gruppe von Chemikalien sind die langlebigen organischen Schadstoffe (POPs). Dazu gehören eine Reihe von Pflanzen-

schutzmitteln (zum Beispiel DDT) und Industrie-
chemikalien (zum Beispiel Polychlorierte Biphe-
nyle, PCB) sowie die hochgiftigen Dioxine und
Furane, die als unerwünschte Nebenprodukte
in Produktions- und Verbrennungsprozessen
entstehen. Diese Stoffe sind schwer abbaubar,
reichern sich in der Nahrungskette an und haben
unerwünschte Wirkungen auf die menschliche
Gesundheit und die Umwelt. (Umweltbundesamt,
6.2.2018)

Jeder Winkel der Erde ist belastet
Eine Studie der Universität von Newcastle, veröffentlicht in Nature, Ecology & Evolution im
Februar 2017, fand erschütternde Werte von Poly-
chlorierten-Biphenylen (PCB) in Flohkrebsen, die
in einer Tiefe von 7-10.000 Metern im Pazifischen
Ozean leben. Was früher als unverdorbene und
vom Menschen unberührte Umwelt galt, ist nun
der Lebensraum von Organismen, die einige der
höchste PCB-Konzentrationen aufweisen. The
Economist kam zu folgendem Schluss: „Was Dr.
Jamieson (Studien-Leiter, Newcastle University)
in seinen Arbeiten zeigt, ist, dass kein Teil der

Erdoberfläche vor den Aktivitäten des Menschen sicher ist." (Chemical Watch – Global Business Briefing, Februar 2017)

Die Agro-Gentechnik verursacht massive Probleme ökologischer, sozialer und ökonomischer Art

1973 erfolgte die erste Genmanipulation bei Mikroorganismen. Im Jahr 2015 wurden vor allem in USA, Brasilien, Argentinien, Indien und Kanada genmanipulierte Pflanzen fast flächendeckend angebaut, vor allem Sojabohnen, Mais, Baumwolle und Raps. Gentechnisch veränderte Pflanzen in der freien Natur sind ein nicht zu kontrollierendes Risiko. Ob durch kontaminiertes Saatgut, Pollenflug, Insekten und Bienen, Vögel, durch Erntemaschinen oder beim Transport: In den letzten fünfzehn Jahren sind Hunderte Fälle von Verunreinigung von Feldern, Saatgut, Lebens- oder Futtermitteln aufgetreten, auch in Ländern, in denen genmanipulierte Pflanzen gar nicht angebaut werden. Transgene Pflanzen und Tiere gefährden die schon stark bedrohte Arten- und Sortenvielfalt. Durch die Konzentration auf wenige

Gentechniksorten schrumpft der Genpool der landwirtschaftlichen Nutzpflanzen immer schneller, standortangepasste Lokalsorten werden verdrängt. (Umweltinstitut München e.V., 2018)

Gentechnik in Lebensmitteln:
Im Unwissen liegt das Risiko
Die Wissenschaft weiß zu wenig über die Technologie – und ihre Folgen bleiben unabsehbar. Genau das ist das bisher größte Problem rund um das Thema Gentech-Lebensmittel: Allzu viel ist unklar. Langzeitstudien fehlen fast völlig. Es gibt nicht einmal verlässliche Standards, die festlegen würden, welche Studien mit welchen Schwerpunkten denn für eine vernünftige Risikobewertung nötig seien, beklagt ein Mitarbeiter des Bundesamts für Naturschutz.

Derweil verändern Gentech-Pflanzen rund um den Erdball die Natur. „In manchen Regionen haben wir bereits die Kontrolle über die Verbreitung solcher Pflanzen wie Raps, Reis, Mais und Pappeln verloren", sagt Christoph Then. Allein in Europa sind mittlerweile 45 Arten zugelassen, darunter 26 Maissorten. Sie kreuzen sich mit Wildpflanzen oder verändern das Artenspektrum der Schädlinge. Das Problem: Einmal ausgesetzt, lassen sie sich nicht mehr zurückholen. (Aus: Süddeutsche Zeitung, 10.9.2012)

Kernschmelze und atomarer Notfall im Kernkraftwerk Fukushima

Am 11. März 2011 erschüttert ein Erdbeben mit einer Stärke von 9 die Küste Japans. Das Epizentrum liegt vor der Ostküste des Landes, das Beben erzeugt einen gewaltigen Tsunami. Ganze Städte werden ausgelöscht. Im Kernkraftwerk Fukushima I fällt der Strom aus. Noch am Abend des 11. März erklärt die japanische Regierung den atomaren Notfall. In den Wochen nach der Havarie bestätigt sich der Verdacht einer Kernschmelze. Sieben Jahren nach den Katastrophen leben Hunderte Menschen in Notunterkünften. (ZEIT ONLINE, 11.3.2018)

Hunderttausende Tonnen hochradioaktiver Abfälle

Weltweit warten Hunderttausende Tonnen hochradioaktiver Abfälle auf ihre Entsorgung – und jedes Jahr kommen mehr dazu. Doch bisher gibt es weltweit kein einziges Endlager für diesen Atommüll. Nicht einmal über die geeigneten

Gesteine, Materialien und Technologien eines solchen Depots herrscht Einigkeit. (Scinexx, 1.12.2017)

Radioaktivität in der Umwelt

In der Umwelt haben Kernwaffentests oder auch die zivile Nutzung von Atomenergie Spuren hinterlassen. Nach dem Reaktorunfall von Tschernobyl wurde in Deutschland ein flächendeckendes Messsystem entwickelt. Liegen Hinweise auf eine erhöhte Strahlenbelastung in bestimmten Gebieten vor, werden auch gezielte Maßnahmen zum Schutz von Mensch und Umwelt durchgeführt. Ein aktuelles Beispiel ist die Überwachung der Situation im und rund um das Endlager Asse in Niedersachsen in Deutschland. Hier ist die Rate an Schilddrüsenkrebs in der Bevölkerung höher als statistisch zu erwarten war.
(Deutsches Krebsforschungszentrum, 27.06.2018)

Ein Reaktorunglück und die Folgen

- Noch Jahrzehnte nach dem Reaktorunfall in Tschernobyl 1986 sind die Folgen des GAUs messbar: Zwischen 1990 bis 2000 gab es in Weißrussland einen Anstieg von 40 Prozent der Gesamtzahl der Krebsfälle. Bei den evakuierten

Personen aus der 30 km-Zone um Tschernobyl hat sich die Zahl der Atemwegserkrankungen fast verdoppelt. (Gesundheitsreport von Greenpeace „20 Jahre nach Tschernobyl", 2006)

- Nach dem Austreten großer Mengen Radioaktiviät aufgrund der Explosion des Kernkraftwerks in Tschernobyl hat die Säuglingssterblichkeit in mehreren europäischen Ländern zugenommen. Studien haben 5.000 Todesfälle ergeben. Auch genetische Schäden seien nachweisbar: Allein im deutschen Bundesland Bayern ist es nach Tschernobyl zu 1000 bis 3000 zusätzlichen Fehlbildungen bei Neugeborenen gekommen. (Gesellschaft für Strahlenschutz und Dt. Sektion der Internat. Ärzte für die Verhütung des Atomkriegs, IPPNW, 2006)

- Alexej Jablokow, Mitglied der Russischen Akademie der Wissenschaften, geht von 900 000 bis 1,8 Millionen Toten aufgrund des Reaktor-Unglücks in Tschernobyl weltweit aus. Die Zahlen beziehen auch künftige Tote mit ein, weil die Tschernobyl-Nuklide weiter in der Biosphäre bleiben. (Deutsches Ärzteblatt 2011)

Der Polsprung

Der Cherub der göttlichen Weisheit offenbarte der Menschheit im Jahre 1980:

> *„Ich sage euch, die Pole werden sich kolossal verändern, und auf dieser Erde wird ein unendliches Leid einbrechen ..."*

1984 sprach Christus zu uns Menschen:

> *„Polsprünge zeigen sich an, wodurch sich die Meere aus den Betten heben und andere Becken suchen ..."*

1992 wies Christus auf Folgendes hin:

> *„Die Erde bäumt sich auf aufgrund der vielen Ursachen, die nun mehr und mehr zur Wirkung kommen. Doch die Großen dieser Welt erfassen dies noch lange nicht. Sie steuern die Völker auf das größte Unheil zu, nämlich auf einen Polsprung, der noch nie dagewesen ist.*
>
> *O sehet: Noch halte Ich, Christus, das Erdmagnetfeld in Meinen Händen, den mächtigen Dynamo für diese Erde, der hinausstrahlt in das All zu den Gestirnen und die Verbindung*

zum All herstellt. Noch halte ich also diesen
Dynamo in Meinen Händen – doch die Ursa-
chen drängen mehr und mehr zur Wirkung. Das
bedeutet, dass das Erdmagnetfeld aus Meinen
Händen gleiten muss durch das Gesetz von
Ursache und Ernte, weil die Menschen mit ihrem
Machthunger und Machtstreben es so wollen.
Das bedeutet, dass in einem Augenblick alles
vorbei ist. Dann wird der Mensch das erleben,
was auch in den Gestirnen steht. Was er in das
Weltall gesandt hat, das kommt auf die Erde
hernieder. All der Unrat der Technik fällt auf
die Erde und somit auf die Menschen hernie-
der, ähnlich, als wenn die Sterne vom Himmel
fallen würden.
Wahrlich, Ich sage euch: Dann werden die Wasser
kommen und den Unrat überdecken, und die
große Umwandlung wird sich mehr und mehr
vollziehen, vom Negativen zum Positiven."

In dieser Botschaft sprach Christus weiter über
die Folgen dieses Ereignisses:

„Wenn der Dynamo dieser Erde zusammen-
bricht, dann wird auf der Erde noch größeres
Leid sein; denn an den Dynamo sind Menschen,

Tiere, Pflanzen und Steine angeschlossen. ... In dieser Zeit werden die Lebenden die Toten beneiden, und sie werden rufen: ‚Tod, du süßer, wo bist du?' Denn es wird kaum mehr Kräfte geben, die dem Menschen helfen, den physischen Leib zu heilen, den physischen Leib aufzurichten."

Und zwei Monate später offenbarte der Christus Gottes durch Gabriele:

„Das Licht Gottes in Mir, dem Christus, ruft euch zur Umkehr. Ihr könnt dieses Weltenproblem nicht mehr lösen, und schon gar nichts ist gelöst. Scheinbare Lösungen gibt es viele, doch nur scheinbare – doch gelöst ist nichts. Gelöst wird es durch die weltweite Katastrophe. Dieses Sündenpotential, das die Erde zu tragen hat, wird die Sintflut zudecken, denn ein mächtiger Polsprung wird alles überdecken, was menschlich ist, und die Gestirne, die sich neu formieren, werden die Erde reinigen und anheben, so dass auf der Erde das erstehen kann, was jetzt schon begonnen hat: das Friedensreich Jesu Christi, Mein Reich, in welchem Ich der Herrscher Bin."

Weiter sprach Christus in dieser Seiner Botschaft aus dem All:

„Ich sprach von einem mächtigen Polsprung. Diesem gehen kleinere voraus. Wer in das Weltgeschehen blickt und auf die Erde, der erkennt, was sich anbahnt, und spürt die Erschütterungen, die darauf hindeuten."

In einer Offenbarung im Jahr 1980 verglich der Christus Gottes die Erde mit dem Menschen und bezeichnete, wie schon gesagt, den Planeten als den „Erd-Menschen". Damals sprach Er:

„Nun spreche Ich unter anderem vom Kleid des großen Erd-Menschen. Das Kleid besteht aus dem Mineral-, Natur- und Tierreich. Die Magnetfelder des Erd-Menschen sind die Nervenzentren, die Erdmagnetströme sind die Nervenbahnen."

Welche Wechselwirkung zwischen dem Menschen und dem Erdmagnetfeld besteht, erklärte der Christus Gottes ausführlich in einer Botschaft aus dem All aus dem Jahre 1986, die wir in dem Buch „Worte des Lebens" nachlesen können. Dort heißt es:

„Der Mensch ist ein Energiebündel, das, entsprechend seinem Denken und Handeln, seine eigenen Energiefelder, das heißt Magnetfelder, schafft. Jeder Mensch hat somit seine Energie- und Magnetfelder entsprechend seiner Denk- und Handlungsweise.

Zwischen seinen Magnetfeldern und den Magnetfeldern der Erde besteht eine beständige Wechselwirkung: Die Reaktionen der Erde übertragen sich durch die Wechselwirkung von Mensch und Erde auf den Menschen, ebenso, wie die Handlungsweise der Menschen sich auf die Schwingung der Erde überträgt. Was der Mensch seiner Erde, seinem Wohnplaneten, zufügt, das fügt er sich – aufgrund dieser Wechselbeziehung Mensch und Erde – selbst zu."

Hier finden wir also wieder das Gesetz von Ursache und Wirkung. Was der Mensch der Erde zufügt, das fügt er sich letztendlich selbst zu. Wir lesen weiter (S. 82):

„Die Erdmagnetfelder registrieren alle Handlungen der Erdbewohner, der Menschen, und die Magnetströme – welche die Tonträger des großen ,Erdmenschen', der Erde, sind – bringen

alle Resonanzen, gleich, welchen Niederschlag sie haben, positiv oder negativ, wieder dem zurück, der sie ausgesandt hat: dem Menschen...

Die Erdmagnetfelder registrieren jede Dissonanz, insbesondere die Gewalttätigkeiten der Menschen, durch die erhebliche Störungen im Luftraum sowie in und auf der Erde hervorgerufen werden, z.B. durch atomare Versuche und dergleichen. Sämtliche Dissonanzen werden von den Magnetströmen, den Tonträgern der Erdmagnetfelder, weitergeleitet – die im übertragenen Sinne auch die Nerven der Erde genannt werden können.

Die Erdmagnetfelder sind verschiedenartige Schwingungsbereiche, die als Einheit jeweils Erdmagnetfeld genannt werden. Sie sind die ‚Nervenpunkte' der Erde – und zugleich die Spiegel des Wohnplaneten. Werden diese Spiegel der Erde durch das Fehlverhalten des Menschen verändert und getrübt, dann wirkt sich dies auf der gesamten Erde aus: im Klima, in den Naturreichen und am Menschen. Die Magnetströme verändern sogar die Verhaltensweisen der Tiere."

Wo stehen wir heute?
Machen Sie sich selbst ein Bild!

Umkehr des Erdmagnetfelds

Daten des Satellitentrios Swarm zeigen eine unerwartete Abschwächung des Magnetfelds. Ein wahrscheinlicher Grund sei laut dem Missionsmanager Rune Floberghagen, dass die magnetischen Pole der Erde vor einer Umkehr stehen. Der magnetische Nordpol bewege sich bereits auf Sibirien zu. Dass sich die Pole der Erde umkehren werden – wie bereits oft in der Vergangenheit geschehen –, ist keine Frage. Der zeitliche Rahmen ist allerdings weitgehend offen. Die zehnmal höhere Abschwächungsrate, die Swarm jetzt enthüllte, deute darauf hin, dass der Prozess viel schneller abläuft als gedacht.

(Spektrum.de, 10.7.2014)

Unheimliche Veränderung: So schnell wandert der Magnetpol der Erde

Zeigt die Kompassnadel bald nach Süden? Daten zeigen: Der Magnetpol wandert rapide – eine bedrohliche Umkehr des Magnetfelds der Erde scheint möglich.

Jahrhundertelang war das Erdmagnetfeld stabil, seit 1840 aber schwächt es sich ab, um ein Sechstel mittlerweile. Noch schirmt das weit in den Weltraum reichende Magnetfeld die Erde vor Strahlung aus dem All ab. Wie lange noch?

Eine Animation der US-amerikanischen Wetterbehörde NOAA zeigt, was vor sich geht: Der magnetische Pol, der sich in der Nähe des geografischen Nordpols befindet, schiebt sich mit etwa einem Kilometer pro Woche von Kanada Richtung Russland.

Was der Natur in der Vergangenheit nicht viel ausgemacht zu haben scheint, könnte für die Menschheit zum Problem werden: Der hochenergetische Sonnenwind würde tief in die Atmosphäre eindringen und vor allem die Elektronik stören. Besonders gefährdet sind Flugzeuge und Satelliten, Energie- und Kommunikationsnetze. Geht es so weiter wie in den vergangenen Jahrzehnten, dürften sich die Pole irgendwann umkehren – die Kompassnadel würde nicht mehr nach Norden, sondern nach Süden zeigen. Während der Umkehrphase würde gefährliche kosmische Strahlung verstärkt auf die Erde prasseln. Eine besondere Schwachstelle gibt es bereits: Zwischen Südafrika

und Südamerika im Südatlantik empfängt die Besatzung der Internationalen Raumstation 90 Prozent ihrer Strahlendosis, obwohl sie dort nur etwa zehn Minuten pro Tag entlangfliegt.
(Spiegel Online, 4.2.18)

Magnetfeld: Umpolung kann schnell gehen
Das Erdmagnetfeld kann sich offenbar schneller umpolen als bisher gedacht. Vor rund 95.000 Jahren vollzog sich ein solcher Polwechsel innerhalb von nur rund 100 Jahren, wie nun Analysen eines Stalagmiten aus China belegen. Sollte sich in naher Zukunft wieder eine solche Polumkehr ereignen, hätte dies dramatische Folgen für die menschliche Gesellschaft. Denn nur ein starkes, stabiles Magnetfeld schirmt Elektronik, Satelliten und andere Technologien gegen Störeinflüsse durch den Sonnenwind und die kosmische Strahlung ab. Fällt dieser Schutzschild aus, wie beispielsweise während einer Polumkehr, dann hätte dies daher drastische Folgen. (Scinexx 2018, Proceedings of the National Academy of Sciences, 2018)

Der Mord an den Tieren
ist der Tod der Menschen

Der Anteil der Tierzucht und des Fleischkonsums am Klimawandel ist weltweit bekannt.

18 Prozent der weltweiten Treibhausgase kommen aus der Tierhaltung, wie die Welternährungsorganisation FAO bekannt gab, andere Quellen wie das World Watch Institute sprechen von bis zu 51 Prozent, wobei z.B. die Treibhausgase mit eingerechnet sind, die bei der Erstellung der Gebäude für die Aufzucht der Tiere oder für die Kühlung und Erhitzung von Fleisch entstehen, sowie zusätzliche klimaschädigende Effekte durch die Abholzung von Regenwäldern zur Schaffung von Weideland oder von Anbauflächen für Futter.

70 Prozent der weltweiten Agrarflächen werden für die Viehwirtschaft genutzt. Die Fleischproduktion ist dabei für 90 Prozent der Vernichtung des Regenwaldes verantwortlich. Jedes Jahr wird eine Fläche von ca. 130.000 qm vernichtet, was in etwa der Größe Griechenlands entspricht.

Doch sind es nicht allein die Treibhausgase, die die Tierhaltung erzeugt, es ist die Haltung der Menschen den Tieren gegenüber, die ihre Wirkung zeigt und den Planeten über alle Maßen schädigt. 1980 erklärte der Christus-Gottes-Geist:

„Durch sämtliche Lebensformen, durch die Organe des Erd-Menschen, durch das Kleid, strömt das ewige Leben Gottes. Wenn der Mensch nun wider diesen Erd-Menschen handelt, so handelt er auch zugleich wider sein eigenes Leben. Wenn der Mensch wissen würde: sobald er ein Tier schändet, beschädigt er seinen eigenen Körper, indem er seine Seele verschattet und die innere Kraft, die Geistkraft, reduziert. Der unwissende Mensch tritt und handelt bedenkenlos auf diesen großen Erd-Menschen! Er zerstört bewusst und unbewusst das Natur- und Tierreich.

O sehet! Es wird Schlachtvieh gezüchtet. Die vorausgegangenen Gedanken bestehen schon auf dem gegensätzlichen Wort ‚Tod' – Töten für Fleischnahrung. Wiederum handelt der Mensch am großen Gesetz Gottes. Er widersetzt sich dem Gebot ‚Du sollst nicht töten!' Das gilt auch für den großen Erd-Menschen, für diese

Erde. Alles, was mutwillig geschieht, dringt in eure Seele ein und belastet sie. So zerstört der Mensch ununterbrochen diese Erde. Er schädigt den großen Erd-Menschen und denkt nicht näher darüber nach, dass sich dieser große Erd-Mensch einst wehrt ..."

In einer anderen göttlichen Offenbarung, ebenfalls 1980, erklärte der Christus Gottes:

„Tagtäglich verstößt der Mensch wider das Leben. Was ist das Leben? Es pulsiert nicht nur im Menschen, sondern in sämtlichen Lebensformen. O sehet, das Gesetz von Ursache und Wirkung vollzieht sich in euren Seelen. Auch wer wider das Leben der Natur, des Tier- und Mineralreichs handelt, belastet ebenfalls seine Seele ..."

Und weiter legte Christus dar:

„Auch das mutwillige Töten von Tieren und übermäßige Fleischnahrung schafft Ursächlichkeiten, die auf eure Seelen zurückfallen. Die Menschheit trägt Pelze und Leder! Wisst ihr denn nicht, dass alles Schwingung ist, dass auch die Angst eines Tieres Schwingung ist? Ihr

esst Fleisch und tötet hierzu das Tier. Ihr geht auf die Jagd und tötet um euer selbst willen. Habt ihr euch schon mal Gedanken darüber gemacht, wie sie leiden, welche Angstgefühle die Tiere in ihrem Innersten tragen? Ich sage euch, all diese Empfindungen der Tiere dringen nicht nur in die Organe, in die Haut, in den Pelz ein – auch in das Fleisch. Dieses Fleisch nimmt der Mensch genussreich zu sich. In dieser zubereiteten Nahrung schwingt die Angst des Tieres; es ist eine niedere Schwingung. Wie können Mensch und Seele in eine hohe Schwingung kommen, wenn der Mensch um seinetwillen tötet? Sowohl am Leder als auch an euren Pelzen hängt die Schwingung der Angst. Diese Angst überträgt sich und bleibt bestehen, auch wenn das Leder noch so oft gegerbt wurde."

Immer wieder sprach das Reich Gottes davon, dass alles, was der Mensch den Tieren zufügt, wieder auf ihn zurückfällt. Seit 1989 sind in dem göttlichen Offenbarungswerk *„Das ist Mein Wort"* für alle Menschen folgende deutliche Worte zu lesen:

„Erkennet weiter:
Das Leid der Tiere und das Fleisch der mutwil-
lig getöteten Tiere, das verzehrt wurde, zehren
wiederum am Fleische des Menschen. Die Fol-
gen sind Krankheiten und Seuchen. Es sind die
Wirkungen auf diese und ähnliche Ursachen."

Auch diese Warnung wurde nicht gehört. Ernäh-
rungsbedingte Krankheiten in Folge eines zu
hohen Fleischkonsums zählen zu den Haupt-
todesursachen der westlichen Gesellschaften.
Fleischverzehr erhöht das Risiko für Herz-Kreis-
lauf-Erkrankungen, für Krebs, Diabetes, Rheuma
und Gicht erheblich.

Auch die als „Rinderwahn" bezeichnete Krankheit
BSE, die Seuche SARS, die vermutlich auf einem
chinesischen Tiermarkt von feilgebotenen Tieren
auf den Menschen überging, und viele weitere
sogenannte Zoonosen lassen erahnen, wie kon-
kret das Leid der Tiere in den Massentierställen
und Schlachthäusern dieser Welt auf uns Menschen zurückfällt.

Im Jahr 1997 offenbarte der Schöpfergeist durch Gabriele:

„Viele von euch sagen, Tiere haben ansteckende Krankheiten. Wer hat sie angesteckt – Gott oder der Mensch? Diese Informationen nehmt ihr auf und erlebt die ansteckenden Krankheiten an eurem physischen Körper. Wer ist schuld? Gott? Oder ihr selbst?"

Und am 27. Februar 2001 sprach Gott, der Ewige, zu der Menschheit, durch Gabriele, Seine Prophetin und Botschafterin, in einer ernsten Botschaft, die damals sogleich über zahlreiche Radiostationen in aller Welt und in vielen Sprachen ausgestrahlt wurde. Kein Mensch soll einmal sagen können, er habe nicht davon gewusst.

Gott, der ewige Schöpfer, sprach:

„ICH BIN der Gott Abrahams, der Gott Isaaks und der Gott Jakobs. Ich Bin der Gott aller wahren Propheten.
Ich, GOTT, der Allmächtige, erhebe Meine Stimme durch Meine Prophetin und Botschafterin und richte sie an die Menschheit.

Hört auf, eure Mitgeschöpfe, die eure Tiergeschwister sind, zu verzehren!

Hört auf, sie zu quälen durch Tierversuche und durch Freiheitsentzug, indem ihr sie in Ställen haltet, die tierunwürdig sind! Tiere lieben die Freiheit, ebenso wie ihr, die Menschen.

Hört auf, Kleinsttiere, das Bodenleben, zu töten durch künstliche Düngemittel, auch durch Exkremente und dergleichen!

Hört auf, Wälder abzuholzen, abzubrennen und den Tieren in Wald und Flur den Lebensraum zu nehmen. Gebt ihnen ihren Lebensraum, Wälder, Felder und Wiesen, zurück; anderenfalls wird euer Schicksal, das ihr euch selbst auferlegt habt, euer Haus und Hof und eure Ernährungsquellen wegnehmen durch weltweite Katastrophen, die ihr selbst geschaffen habt durch euer Verhalten gegen das Leben, gegen die Reiche der Natur, einschließlich der Tiere.

Sollten die Menschen Meine Worte abermals dem Wind übergeben, dann wird für sie der Sturm, das weltweite Schicksal, einsetzen und die Menschen zu Hunderttausenden hinwegraffen – zum einen durch weltweite Katastrophen, zum anderen durch Krankheiten, die ähnlich wie Seuchen über sie hereinbrechen und die sie durch ihre Abkehr von jeglicher geistigen Ethik und Moral den Tieren auferlegt haben, die sie derzeit zu Tausenden verbrennen. Wer nicht umkehrt, dem wird es ähnlich ergehen.

Mein Wort ist gesprochen. Die weltweite Apokalypse ist im Gange. Wer nicht hören will, wird in immer kürzeren Abständen seine geschaffenen Ursachen als Wirkungen fühlen. Ich habe die Erde mit ihren Pflanzen, Tieren und Mineralien zu Mir erhoben. Wer weiterhin an die Mutter Erde mit all ihren Lebensformen Hand anlegt, der wird die Wirkungen spüren. Hört auf, zu quälen, zu töten und zu morden!
Hört auf, ihr Menschen, mit eurem bestialischen Verhalten, das ausschließlich euch trifft und kein anderes Wesen; denn was ihr den Geringsten eurer Mitgeschöpfe antut, das tut ihr Mir an und euch selbst.
Es ist genug! Kehrt um, sonst setzt sich die Ernte fort, die eure Saat ist.
ICH BIN der ICH BIN, immer Derselbe, gestern, heute und morgen, in alle Ewigkeit."

Der Halt ist einzig: Gott in uns!

Bereits 1989 wies der Cherub der göttlichen Weisheit auf Folgendes hin:

„Diese Welt, so wie sie jetzt ist, ist nicht mehr zu retten. Zu retten ist die Seele und der Mensch, doch auch hier heißt es: Rette sich, wer sich retten lassen will. Ich lege bewusst Wert auf das Wort ,will', denn die Rettung ist einzig der Christus, der in jedem von euch ist, die Erlöserkraft, die frei macht."

Gott, unser ewige Vater, hat seit 40 Jahren durch Seine Prophetin die Menschen gewarnt und gemahnt, wie die vielen Auszüge von göttlichen Offenbarungen in diesem Buch zeigen. Und Er brachte und bringt uns noch viel mehr als das. Gott-Vater, der Ewige All-Eine, reicht uns Seine Hand und zeigt uns den Weg der Freiheit, der Gottes- und Nächstenliebe, den Weg zu einem Leben in Frieden und Einheit mit unseren Mitmenschen und mit Natur und Tieren – und das Schritt für Schritt, bis ins letzte Detail, durch die göttliche Weisheit, Sophia, Gabriele, Seine große Lehrprophetin in unserer Zeit.

In den Zeiten, die der Menschheit bevorstehen und die schon jetzt an vielen Orten der Erde deutlich spürbar sind, werden wir Menschen keine Sicherheit im Äußeren mehr finden, bei keinem Menschen, in keinem Gebäude, bei keiner Regierung und bei keiner kirchlichen Institution. Die einzige Hilfe, der einzige Rettungsanker ist Gott in uns! Je mehr wir jeden Tag, jeden Augenblick, Gott in uns näher kommen, desto mehr Kraft, Sicherheit und Geborgenheit werden wir in der schwierigen Zeit finden. Gott ist bei uns und in uns, heute, morgen und immer. Er pocht in unseren Herzen und ist das Licht, das auch in der dunkleren Zeit in uns leuchtet und wärmende Liebe schenkt. Gott in uns.

Wenn Sie möchten, lesen Sie mit diesen Gedanken die Worte unseres Bruders und Erlösers Christus aus dem Jahre 1992:

„Ich, der Christus Gottes, rufe alle Menschen zur Umkehr auf. Umkehr heißt Einkehr in das innere Leben; denn das Reich Gottes ist als Kraft und Licht in jedem von euch. Jeder von euch ist tief in seinem Inneren ein Wesen aus Gott, das

Ich, Christus, durch Meine Erlösertat wieder zurückführe zum Ur-Strom des Lebens, zu Gott. Deshalb rufe Ich alle Menschen auf, den Weg zum inneren Leben zu nehmen. Das innere Leben erlangt der Mensch, indem er die Gebote des Lebens verwirklicht und die Bergpredigt in seinem Leben anwendet. Dann tritt er mit dem inneren Leben in Kommunikation und kann vom Reich des Lebens, vom Inneren Reich her, geschützt werden ...

Ihr Menschen dieser Erde, jetzt heißt es nicht mehr: Rette deinen Leib. Jetzt heißt es: Rette deine Seele, auf dass dein Leib geschützt werden kann, wenn es gut ist für Seele und Leib. Ihr Menschen dieser Erde, Ich wiederhole: Es heißt nun: Rettet eure Seelen! Und der Retter Bin Ich, Christus, euer Erlöser.

Fraget nicht, wo Ich Bin. Suchet Mich nicht da und dort. Ich Bin der Geist des Lebens in Gott, eurem und Meinem Vater. Der Geist des Lebens wohnt in euren Seelen. Dort könnt ihr Mich finden. Deshalb geht der Weg zum Leben, zum Retter, nach innen. Der Mensch also muss umkehren und einkehren, indem er die Gebote des Lebens, die Zehn Gebote, mehr und mehr verwirklicht und die Bergpredigt in sein Leben einbezieht. Auf diese Weise findet der Mensch Einlass in das Innere Leben zum Christus Gottes, Der Ich als Kraft und Licht in jedem von euch Bin.

Es heißt also nicht mehr: Rette deinen physischen Leib. – Rette deine Seele! Und es gibt nur einen Retter: Das Bin Ich, Christus, in Gott, eurem und Meinem Vater. Wo suchet ihr Mich? Wo werdet ihr Mich finden? Nicht im äußeren Tand. Dieser geht zu Ende. Einzig in euch selbst Bin Ich das Leben, der Retter. Ihr findet Mich, indem ihr den Weg einwärts geht, hin zum Königreich des Inneren Lebens; denn das Reich Gottes ist inwendig in euch.

So merket wohl: Jeder von euch ist der Tempel des Heiligen Geistes. Wer diesen Tempel reinigt, der heiligt diesen Tempel und findet Zugang zum Inneren Leben, das Ich Bin. Alle äußeren Tempel – einerlei, wie sie sich nennen – werden vergehen. Sie fallen der Umwandlung anheim. Die Erde wird zum Brachland werden, damit sie aus sich selbst wieder neues Leben zu schöpfen vermag ...

Ihr Menschen dieser Erde, empfangt abermals Meinen Frieden und Mein Heil. Denkt daran: Ich Bin der einzige Retter. Ihr braucht Mich nicht da und dort zu suchen – ihr findet Mich in eurem Inneren, denn jeder von euch ist der Tempel, in dem das Heil wohnt. Reinigt den Tempel, heiligt den Tempel – und ihr befindet euch im Reiche des Inneren, dem Ich, Christus, der Sohn des Allerhöchsten, angehöre und dem auch ihr angehört. Denn tief in eurem Inneren seid ihr Kinder des ewigen Reiches.

Meinen Frieden brachte Ich euch, und Meinen Frieden lasse Ich euch. Friede."

Lesen Sie auch ...

Das ist Mein Wort
A und Ω

Das Evangelium Jesu

**Die Christus-Offenbarung,
welche inzwischen die wahren Christen
in aller Welt kennen**

Jesus von Nazareth gründete keine Religion. Er setzte keine Priester ein und lehrte keine Dogmen, Rituale oder Kulte. Er brachte die Lehre der Gottes- und Nächstenliebe an Mensch, Natur und Tieren, die Lehre der Freiheit, des Friedens und der Einheit und kündete von dem einen Gott der Liebe: der Freie Geist - Gott in uns.

Lesen Sie das Ewige Wort aus dem Reich Gottes: Christus selbst offenbart durch Gabriele, die Prophetin und Botschafterin Gottes in unserer Zeit, die Wahrheit über Sein Leben und Wirken als Jesus von Nazareth.

Aus dem Inhalt: Sinn und Zweck des Erdenlebens • Die Verfälschung der Lehre des Jesus von Nazareth in den vergangenen 2000 Jahren • Voraussetzungen für die Heilung des physischen Leibes • Jesus lehrt über die Ehe • Die Bergpredigt • Vom Wesen Gottes • Gott zürnt und straft nicht • Die Lehre der „ewigen Verdammnis" ist eine Verhöhnung Gottes • Kampf der Finsternis gegen Gottes Plan und Seine gerechten Propheten • Jesus liebte die Tiere und setzte sich immer für sie ein • Der Mensch schändet und zerstört das Leben auf der Erde • Das Gesetz von Saat und Ernte gilt auch im Umgang mit der Schöpfung • Über Tod, Reinkarnation und Leben • Gleichstellung von Mann und Frau • Die wahre Bedeutung der Erlösertat Christi ... und vieles andere mehr.

1080 Seiten, geb., inkl. Audio-CD mit dem Ewigen Wort aus dem Reich Gottes: „Der Ruf des Christus Gottes" und „Die Erscheinung", gegeben im Jahr 2017 durch Gabriele
ISBN 978-3-89201-960-2. Euro 29,90

Worte des Lebens
für die Gesundheit von Seele und Körper

**Eine Christus-Offenbarung über Ursache
und Entstehung aller Krankheiten**

Diese umfassende Christus-Offenbarung, gegeben durch die Prophetin und Botschafterin Gottes, Gabriele, schenkt detaillierte Kenntnisse über die Abläufe im Inneren des Menschen, die zur Krankheit oder zur Gesundheit führen.

Zum besseren Verständnis der kosmischen Zusammenhänge gibt Christus zuerst einen Einblick in die ewige Seinsschöpfung sowie in das Fallgeschehen, die Trennung vom Einheitsbewusstsein, und die daraus folgende Verdichtung und Entstehung der Grobstofflichkeit.

Weiteres aus dem Inhalt:
- Die Auswirkung von Gefühlen und Gedanken auf Seele und Körper
- Die Rolle des Nervensystems bei der Entstehung von Krankheiten und Schicksalsschlägen
- Jedes Organ ist Schwingung, Farbe, Klang
- Die Chance der Reinkarnation
- Auswirkung der Störungen des Magnetfeldes auf den Menschen
- Schädlinge, Parasiten, Bakterien und Viren sind Produkte des Fehlverhaltens der Menschheit
- Die Quanten, die geistigen Energieträger ... u.v.a.m.

336 S., geb., ISBN 978-3-89201-568-0, Euro 18,00

Auch als E-Book für Euro 8,99

Die Botschaft
aus
dem All
Die Gottesprophetie
heute –
nicht das Bibelwort

In diesen 3 Bänden sind insgesamt 40 ausgewählte göttliche Offenbarungen enthalten, gegeben durch die Prophetin und Botschafterin Gottes, Gabriele. Lesen Sie z.B. über Sinn und Zweck des Erdenlebens, über die Freiheit jedes Wesens, die unendliche Liebe Gottes, über Ursache und Wirkung – und erfahren Sie, dass Gott rechtzeitig vor dem Kommenden gewarnt hat.

Band 1: ICH BIN, und du bist in Mir, urewig – und du kehrst zurück durch Christus * Ich mache alles neu! Spürt MICH gegenwärtig in euch *Gott atmet den Fall zurück … u.v.a.m.

271 S., geb., ISBN 978-3-89201-126-2

Band 2: Finde Freiheit in Gott * Ich offenbare das Schicksal der Menschheit, damit noch viele Meiner Menschenkinder erwachen und umkehren * Bemüht euch, immer mehr mit der Natur zu leben … u.v.a.m.

264 S., ISBN 978-3-89201-196-5

Band 3: Alles, was lebt, ist Gesetz und ist Bewusstsein * Kehre ein in den Seelengrund, denn der Seelengrund Bin Ich * Lebt gegenwärtig, dann steht ihr in Kommunikation mit den erhaltenden, göttlichen Lebensenergien … u.v.a.m.

264 S. geb., ISBN 978-3-89201-256-6

Jeder Band Euro 18,00. Auch als E-Book für je Euro 8,99

Die redende All-Einheit

Das Wort des Universalen Schöpfergeistes

Aus Gesprächsrunden mit Gabriele,
zusammengestellt
von Martin Kübli und Ulrich Seifert

Ein kosmisches Lehr- und Lernwerk aus der Schule der Göttlichen Weisheit mit Erläuterungen über

- den Wesenskern im Urgrund unserer Seele,
- das Leben in Einheit von Mensch, Natur und Tieren,
- den Licht-Äther,
- mit einem Einblick in die Entstehung der Schöpfung
- sowie mit Beiträgen von Ärzten und Wissenschaftlern
  und vieles mehr ...

Dem Leser wird schrittweise ein grundlegend anderer Zugang zum Leben in allem Sein eröffnet. Es wird uns bewusst, woher wir und alle Schöpfungswesen kommen und wohin wir letztlich gehen.

Das Wort der Wahrheit führt uns in die Dimensionen der All-Kommunikation allen Seins, so dass es uns möglich wird, selbst zu erspüren, in welchem mächtigen, vom Geist durchdrungenen kosmischen All-Leben wir eingebettet sind.

396 Seiten, geb., mit zahlreichen Farbfotos,

inklusive einer Audio-CD mit zwei Meditationen
aus dem göttlichen Bewusstsein:
1. „Es blüht", ein meditativer virtueller Spaziergang
2. „Unser wahres Sein", eine meditative kosmische Schau

Best.-Nr. S 173. ISBN 978-3-89201-352-5. Euro 24,90
E-Book: Euro 12,99, ohne Audio-CD